Andrea Hofbauer
Anton Frühwirth

Das österreichische

Kochbuch für CHOLESTERIN-BEWUSSTE

INHALTSVERZEICHNIS

Tipps zur Verwendung dieses Buches

Alle Rezepte beziehen sich, wenn nicht anders angegeben, auf 4 Portionen.

Nährwertangaben

Die angeführten Nährwerte sind computerunterstützt mit dem Programm "EWP", Datenbasis BLS-Schlüssel berechnet. Die Berechnung stimmt natürlich nur, wenn die Zutaten entsprechend der angegebenen Menge und Portionenanzahl verwendet werden.

Verwendete Abkürzungen:

kcal ..... Kilokalorien
kJ ..... Kilojoule
EW ..... Eiweiß
F ..... Fett
KH ..... Kohlenhydrate
Bal ..... Ballaststoffe
Chol ..... Cholesterin
g ..... Gramm
mg ..... Milligramm
ml ..... Milliliter
µg ..... Mikrogramm
l ..... Liter
TL ..... Teelöffel
EL ..... Esslöffel
KL ..... Kaffeelöffel
Pkg. ..... Packung
Stk. ..... Stück
Bd. ..... Bund
Msp. ..... Messerspitze

Vorwort

Die Zusammenhänge zwischen Ernährung und Gesundheit bzw. Krankheit sind heute unbestritten.

Ein erhöhter Cholesterinwert ist einer der Wegbereiter für schwerwiegende Erkrankungen wie Atherosklerose (Verengung der Blutgefäße), welche in Folge zu Herzinfarkt und Schlaganfall führen kann. Die Zahlen sprechen für sich: In Österreich haben 75 % der Bevölkerung erhöhte Blutcholesterinwerte. Die Todesursache Nummer 1 sind Herz-Kreislauferkrankungen, mehr als 50 % aller Todesfälle sind darauf zurückzuführen.

Andrea Hofbauer

Ein überhöhter Cholesterinspiegel tut nicht weh, man spürt ihn nicht. Und gerade darin liegt die Tücke. Ein über Jahrzehnte lang erhöhter Blutcholesterinspiegel führt zu Ablagerungen an den Gefäßwänden (Atherosklerose). Die Folge ist, dass das Gefäß zunehmend verengt und es zum Infarkt bzw. Verschluss kommen kann.

Anton Frühwirth

Durch richtige Ernährung und einen bewussteren Lebensstil kann man persönlich sehr viel dazu beitragen, dieses Risiko zu minimieren. Fettarme und cholesterinbewusste Ernährung ist ein wesentlicher Beitrag dazu.

Dabei handelt es sich nicht um eine „strenge" bzw. rigide Diätform.

Mit diesem Kochbuch wollen wir Ihnen zeigen, dass auch die beliebte, gute österreichische Küche dahingehend modifiziert werden kann. Sie finden hier Rezepte, die einfach und schnell zuzubereiten sind und auch der ganzen Familie schmecken.

Es gibt keine Verbote – bedenken Sie, die Menge macht´s aus. Das Motto lautet: Qualität vor Quantität!

Wir wünschen Ihnen viel Spass
beim Ausprobieren und Kochen der Rezepte.

Andrea Hofbauer
Dipl. Diätassistentin &
Ernährungsmed. Beraterin

Anton Frühwirth
Küchenmeister

Cholesterin – ein Risikofaktor?

Was ist Cholesterin?

Cholesterin ist eine fettähnliche Substanz und kommt in tierischen und menschlichen Zellen vor. Es wird einerseits im Körper von der Leber selbst produziert, andererseits über die Nahrung zugeführt.

Sowohl tierische als auch menschliche Zellen benötigen Cholesterin als Strukturbestandteil der Zellwände. Cholesterin spielt aber auch eine Rolle bei der Bildung von Gallensäuren, die für die Fettverdauung wichtig sind. Liegt hier eine Störung vor, können sich beispielsweise Gallensteine bilden. Ohne Cholesterin gäbe es auch keine Nebennieren- und Sexualhormone.

Unser Organismus benötigt Cholesterin für folgende wichtige Aufgaben:

- **Aufbau der Zellmembranen**
- **Bildung von Gallensäuren**
- **Bildung von Hormonen**
- **Bildung von Vitamin D**

Wie schon erwähnt, baut der menschliche Organismus das Cholesterin selbst (vor allem in der Leber) auf. Es wäre nicht unbedingt notwendig, dass zusätzlich Cholesterin mit der Nahrung zugeführt wird. Das Nahrungscholesterin ist somit kein lebensnotwendiger (essentieller) Nahrungsbestandteil. Auch wenn man sich sehr cholesterinarm bzw. fast cholesterinfrei ernährt (beispielsweise strenge Vegetarier), können unsere Körperzellen selbst Cholesterin aus anderen Stoffen aufbauen und so den Bedarf des Körpers decken.

Das Cholesterin kommt im Körper in zwei Arten vor

Da Cholesterin wasserunlöslich ist, kann es im Blut nicht frei transportiert werden. Deshalb wird es in der Leber in eine Eiweißhülle „verpackt“ und so transportfähig gemacht. Diese Kombination aus Eiweiß und Fetten nennt man auch „Lipoproteine“. In der medizinischen Fachsprache nennt man einen überhöhten Cholesterinspiegel auch eine „Hyperlipoproteinämie“.

Je nach Zusammensetzung werden Lipoproteine eingeteilt in:

LDL (Low Density Lipoproteins oder Lipoproteine geringer Dichte):

diese enthalten viel Cholesterin und geben dieses Cholesterin an die Gefäßwand ab. Es bilden sich Ablagerungen und der so genannten Atherosklerose wird der Weg bereitet. Aus diesem Grund wird es auch als **„schlechtes"** Cholesterin bezeichnet.

HDL (High Density Lipoproteins oder Lipoproteine von hoher Dichte):

dieses Cholesterin kann Ablagerungen in den Blutgefäßen verhindern, indem es überschüssiges Cholesterin aus den Zellen und Gefäßwänden aufnimmt und abtransportiert. HDL wird auch als **„Straßenkehrer Lipoprotein"** oder **„gutes" Cholesterin** bezeichnet.

Normalerweise befinden sich Cholesterinproduktion und Verbrauch im Gleichgewicht. Ist dieses Gleichgewicht gestört, kann es zu einem erhöhten Blutcholesterinspiegel kommen. Gründe dafür können sein:

- Falsche Ernährung
- Zuviel an tierischen Fetten und gesättigten Fettsäuren
- Genetische Veranlagung

Wie hoch sollte der Cholesterinspiegel sein?

	Erwachsene Vorsorge	Erwachsene* bei bereits bestehender Gefäßerkrankung sowie Diabetes	Jugendliche
Gesamtcholesterin	< 200 mg/dl	< 160 mg/dl	< 160 mg/dl
LDL-Cholesterin	< 130 mg/dl	< 100 mg/dl	< 100 mg/dl
HDL-Cholesterin	> 50 mg/dl	> 50 mg/dl	> 50 mg/dl
Quotient Gesamtcholesterin / HDL	< 5	< 3	< 3

* Besonders wichtig sind diese Cholesterin-Zielwerte für Sie, wenn Sie Herz-Kreislauf-Risiken aufweisen wie Rauchen, Bluthochdruck oder Diabetes mellitus. Falls Sie bereits einen Herzinfarkt hatten, sollten Sie versuchen, Ihr LDL-Cholesterin weiter zu senken.

Atherosklerose – gefährdet Ihr Herz

Ist der Cholesterinspiegel über einen längeren Zeitraum erhöht, kann dies zu Ablagerungen an den Gefäßwänden führen und Atherosklerose entsteht. Sind davon die Herzkranzgefäße betroffen, kann es in der Folge zu einem Herzinfarkt kommen.

Unter Atherosklerose versteht man eine Verhärtung und Verengung der Arterien. Im Volksmund spricht man häufig von „Arterienverkalkung“.

Dieser Erkrankung geht ein sehr komplizierter Krankheitsprozess voraus, an dem zahlreiche Faktoren beteiligt sind. Man weiß, dass vor allem Fettsubstanzen (Cholesterin) für die Entstehung verantwortlich sind.

Risikofaktoren für die Entstehung von Atherosklerose:

- ▲ Überhöhtes Cholesterin
- ▲ Diabetes Typ 2
- ▲ Bluthochdruck
- ▲ Übergewicht
- ▲ Rauchen
- ▲ Bewegungsmangel
- ▲ Stress

Wie entsteht Atherosklerose?

Als erstes lagern sich Blutfette (LDL-Cholesterin) an den Gefäßwänden ab und hinzu kommen feste Substanzen. Die Gefäßwände werden dadurch uneben, verlieren an Elastizität und „verkalken“ zunehmend.

Ist die Gefäßwand einmal beschädigt, kommt es leicht zu Ablagerungen weiterer Blutbestandteile, zu Entzündungen und Zellwucherungen in der Arterienwand. Das Gefäß verliert an Elastizität, wird härter und verengt sich.

Stellen Sie sich ein Wasserrohr vor, in dem sich Schicht um Schicht Kalk ablagert. Die Folge davon ist, dass die Arterien mehr und mehr verengen und die Durchlässigkeit abnimmt.

Entstehung von Atherosklerose

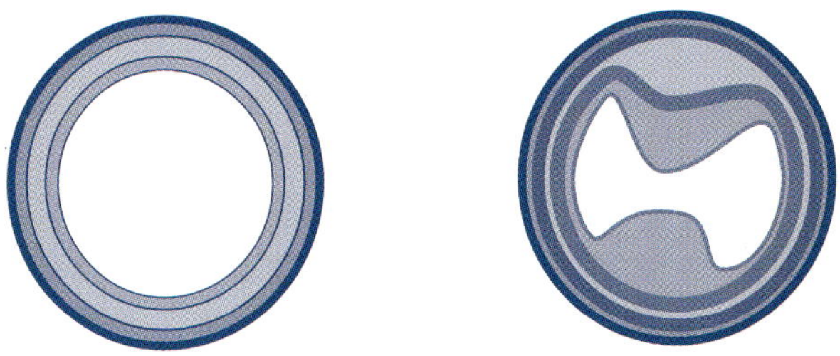

Gesunde Arterie „Verkalkte" Arterie

Dadurch kann es zum Gefäßverschluss kommen. Dieser höchst komplizierte Krankheitsprozess verläuft über viele Jahre, ja sogar Jahrzehnte, ohne Beschwerden zu bereiten.

Tritt so ein Verschluss in den Herzkranzgefäßen auf, kann es zum Herzinfarkt kommen oder im Gehirn kann ein Schlaganfall die Folge dessen sein.

Nun wäre es viel zu einfach, alles als Schicksal abzutun. Es gibt einige Möglichkeiten, diesbezüglich Präventivmaßnahmen zu setzen.

Wie können Sie Atherosklerose vorbeugen?

Das Zauberwort heißt „vernünftige Lebensweise". Eine ausgewogene fettreduzierte Ernährung sowie regelmäßig Bewegung üben einen positiven Einfluss auf unseren Stoffwechsel aus. Worauf Sie bei der Ernährung besonders achten sollten, lesen Sie auf den nächsten Seiten. Sie werden sehen, dass es gar nicht so schwierig ist, das Ziel zu erreichen.
Und unser Ziel heißt: „Gesundheit und Lebensfreude".

Was Sie über Ernährung wissen sollten

Kleine Ernährungslehre

Unsere Nahrung dient dem Menschen in erster Linie dazu, den Körper mit den notwendigen Nährstoffen (Eiweiß, Fette, Kohlenhydrate, Vitamine und Mineralstoffe) zu versorgen, um verschiedene Körperfunktionen und die Leistungsfähigkeit aufrechtzuerhalten. Wichtige Faktoren dabei sind die tägliche Energiemenge, die mit der Nahrung aufgenommen wird, sowie eine optimale Verteilung der Nährstoffe. Deshalb ist es von enormer Bedeutung, was und wie viel der Mensch isst. Die Ernährung soll hinsichtlich Qualität und Menge ausgewogen und damit vollwertig zusammengesetzt sein.

Sowohl tierische als auch pflanzliche Nahrungsmittel dienen der menschlichen Ernährung. Bei der Verdauung werden sie in die einzelnen Bestandteile, die Nährstoffe, zerlegt. Ihren Eigenschaften entsprechend werden sie als Brenn-, Bau- oder Wirk- und Reglerstoffe eingesetzt.

Alle diese Nährstoffe haben im Körper bestimmte Aufgaben zu erfüllen:

Die Zusammensetzung der Nahrung

Energieliefernde Nährstoffe	**Nicht-energieliefernde Nährstoffe**	**Sonstige Inhaltsstoffe**
Eiweiß (Baustoffe)	Vitamine (Wirkstoffe)	Duft-, Würz- und Farbstoffe
Fette (Brennstoffe)	Mineralstoffe (Wirkstoffe)	Ballaststoffe
Kohlenhydrate (Brennstoffe)	Wasser (Lösungs- und Transportmittel)	

Brennstoffe:	● Deckung des Energiebedarfes für die Aufrechterhaltung der Körperfunktionen
Baustoffe:	● Aufbau und Erhaltung der Körpersubstanz
Wirkstoffe:	● Schutz gegen Krankheiten ● Regelung von Körpervorgängen
Wasser:	● Hauptbestandteil des Körpers ● Nährstoffe werden gelöst und so transportfähig gemacht
Ballaststoffe	● Anregung der Darmtätigkeit ● Vorbeugung von Erkrankungen
Duft-, Würz- und Farbstoffe:	● Appetit- und verdauungsanregend

Energie- und Nährstoffbedarf

Unser Körper braucht ständig Energie – selbst im Schlaf – um alle Lebensvorgänge wie Atmung, Herztätigkeit, Stoffwechsel und Körpertemperatur aufrechtzuerhalten.

Der Energiegehalt der Nährstoffe wird in Kilokalorien bzw. Kilojoule gemessen.

Die Energiemenge, die wir bei völliger körperlicher Ruhe in 24 Stunden verbrauchen, nennt man **Grundumsatz** (1 kcal/4,2 kJ pro kg Körpergewicht und Stunde).

1 g Kohlenhydrat	liefert	17 kJ / 4 kcal
1 g Fett	liefert	37 kJ / 9 kcal
1 g Eiweiß	liefert	17 kJ / 4 kcal
1 g Alkohol	liefert	30 kJ / 7 kcal

Jeder Mensch hat einen ganz persönlichen Grundumsatz – dieser wird von verschiedenen Faktoren beeinflusst: Geschlecht, Alter, Körpergröße und Gewicht, Hormone, Stress, Fasten und Klima.

Der Grundumsatz ist aber nur ein Teil unseres täglichen Energiebedarfes. Für Arbeit, Sport und Freizeit benötigt der Mensch noch zusätzlich Energie. Diese Energiemenge wird als Leistungs- und Freizeitumsatz bezeichnet. Bei sitzender Tätigkeit benötigt man zum Grundumsatz noch ca. 500 kcal/2100 kJ in acht Stunden. Ein Stahlarbeiter, der körperliche Schwerstarbeit leistet, verbraucht dagegen an einem Arbeitstag zusätzlich bis zu 2000 kcal/8400 kJ.

Wichtig ist, die Energiezufuhr dem Energiebedarf anzupassen.

Richtwerte für die durchschnittliche Energiezufuhr (kcal/Tag)

Alter		**Männer**	**Frauen**
Säuglinge	0 bis unter 4 Monate	500	450
	4 bis unter 12 Monate	700	700
Kinder	1 bis unter 4 Jahre	1100	1000
	4 bis unter 7 Jahre	1500	1400
	7 bis unter 10 Jahre	1900	1700
	10 bis unter 13 Jahre	2300	2000
	13 bis unter 15 Jahre	2700	2200
Jugendliche/Erwachsene	15 bis unter 19 Jahre	3100	2500
	19 bis unter 25 Jahre	3000	2400
	25 bis unter 51 Jahre	2900	2300
	51 bis unter 65 Jahre	2500	2000
	65 Jahre und älter	2300	1800
Schwangere	ab dem 4. Monat		+255
Stillende	bis Ende 4. Monat		+285
	ab 5. Monat		+525

Die o.a. Richtwerte (D.A.C.H. Referenzwerte) beziehen sich auf die durchschnittliche Energiezufuhr bei Personen mit vorwiegend sitzender Tätigkeit und einem Body Mass Index im Normbereich, das heißt, auf normalgewichtige Personen.
Bei Abweichungen vom Normbereich, insbesondere bei Übergewicht und/oder bei zu geringer bzw. auch vermehrter körperlicher Aktivität sind Korrekturen der Richtwerte notwendig.

Ob die Energiebilanz stimmt, lässt sich durch die Waage feststellen. Weder starkes Über- noch Untergewicht sind gesund. Als Faustregel für das Normalgewicht eines Erwachsenen gilt:

Körpergröße in cm minus 100

Dieses **Normalgewicht nach Broca** stellt einen Orientierungswert dar. Bis zu 10 % über bzw. unter diesem Wert sind akzeptabel. Liegt das Gewicht jedoch 20 % über oder unter diesem Wert, sollen Maßnahmen zur Normalisierung getroffen werden.

Eine neuere und genauere Berechnungsmethode ist der so genannte **Body-Mass-Index (BMI)**, der sich international durchgesetzt hat. Der BMI wird folgendermaßen berechnet:

$$\textbf{BMI} = \frac{\textbf{Körpergewicht (kg)}}{\textbf{Körpergröße}^2\ \textbf{(m}^2\textbf{)}}$$

Berechnungsbeispiel:

Eine Frau mit einer Körpergröße von 1,7 m hat ein Körpergewicht von 68 kg.

BMI = Körpergewicht kg : Körpergröße^2 = 68 : (1,7 x 1,7) = 23,5

Bewertungskriterien für BMI

BMI 20 – 24	Normalgewicht
BMI 25 – 29	Leichtes Übergewicht Bei Vorliegen einer Krankheit wie Diabetes, Gicht, erhöhte Blutfettwerte etc. soll das Gewicht auf das Normalgewicht reduziert werden.
BMI ab 30	Starkes Übergewicht In diesem Fall ist eine Gewichtsabnahme dringend angezeigt.

Kohlenhydrate – die Basis unserer Ernährung

Chemisch gesehen, bestehen Kohlenhydrate aus Kohlenstoff, Wasserstoff und Sauerstoff. Sie werden durch die Einwirkung von Licht in der Pflanze gebildet. Somit sind Kohlenhydrate in Pflanzen und ihren verzehrbaren Teilen reichlich enthalten.

Je nach ihrem chemischen Aufbau unterscheidet man:

Einteilung	Arten	Vorkommen
Einfachzucker (Monosaccharide)	Traubenzucker	Obst und Honig
	Fruchtzucker	Obst und Honig
	Schleimzucker	Milch
Doppelzucker (Disaccharide)	Rohr- und Rübenzucker	Obst, Zuckerrohr und -rüben
	Malzzucker	keimendes Getreide und Malz
	Milchzucker	Milch, Frischkäse
Mehrfachzucker (Polysaccharide)	Stärke	Getreide, Kartoffeln, Hülsenfrüchte
	Zellulose	Gerüstsubstanz der Pflanzen
	Glycogen	in Leber und Muskeln
	Pektin	Obst, Gemüse, Verdickungsmittel
	Pflanzengummi	Agar-Agar, Johannisbrotkernmehl

Kohlenhydrate bilden den Hauptanteil in der Nahrung. Es wird empfohlen, mindestens 55–60 Prozent der Tagesenergie in Form von Kohlenhydraten aufzunehmen. Je nach Energiebedarf werden ca. 300–500 Gramm Kohlenhydrate pro Tag benötigt. Kohlenhydrate versorgen unser Gehirn und unsere Muskeln mit der notwendigen Energie und sind somit unsere bedeutendsten Energielieferanten.

Empfehlenswerte Kohlenhydratlieferanten:
Vollkornprodukte, Naturreis, Getreideprodukte, Gemüse und Hülsenfrüchte, Obst

Weniger empfehlenswert:
Zucker, Süßigkeiten, Weißmehl, zuckerhaltige Getränke

Empfehlenswerte Kohlenhydratlieferanten versorgen unseren Körper nicht nur mit Energie, sondern auch mit Ballaststoffen sowie wertvollen Vitaminen und Mineralstoffen.

Während Zucker und Süßigkeiten einen geringen Sättigungswert haben und kaum Vitamine und Mineralstoffe liefern. Ein Zuviel dieser Lebensmittel kann zu Karies, Übergewicht und starken Blutzuckerschwankungen führen. Wenn Sie überhöhte Triglyceridwerte haben, dann sollten Sie Zucker und zuckerreiche Speisen besonders stark einschränken.

Ballaststoffe – mehr als Ballast

War man früher bestrebt, Ballaststoffe aus Lebensmitteln zu entfernen, weil man sie als wertlose Bestandteile betrachtete, weiß man heute, dass sie wichtige Aufgaben im menschlichen Organismus erfüllen. Eine Reihe von Erkrankungen stehen in engem Zusammenhang mit einer ballaststoffarmen Ernährung. Besonders Störungen der Darmfunktionen wie Verstopfung (Obstipation), Dickdarmausstülpungen und auch Darmkrebs sind die Folge einer ballaststoffarmen Ernährung. Aber auch bei Störungen des Fettstoffwechsels und bei Diabetes ist eine ballaststoffreiche Ernährung besonders wichtig.

Ballaststoffe sind pflanzliche Nahrungsbestandteile. Sie sind unverdaulich und liefern keine Energie.

Vorkommen: Getreide- und Getreideprodukte (z. B. Vollkornbrot, Naturreis, Vollkornteigwaren etc.), Hülsenfrüchte (wie Erbsen, Bohnen und Linsen), Gemüse, Obst.

Die wichtigsten Ballaststoffe in Lebensmitteln sind Zellulose, Hemizellulose, Pektin und Lignin. Man unterscheidet in Wasser lösliche und unlösliche Ballaststoffe.

Die **empfehlenswerte Ballaststoffzufuhr** liegt bei 30 bis 50 Gramm täglich. Mindestens die Hälfte davon sollte aus Getreide und Getreideprodukten stammen. Beachten Sie, dass Ballaststoffe ausreichend Flüssigkeit benötigen, um aufquellen zu können. Daher muss auf eine ausreichende Flüssigkeitszufuhr geachtet werden.

In erster Linie haben Ballaststoffe eine anregende Wirkung auf die Darmbewegung und verhindern somit Darmträgheit und die daraus resultierende Verstopfung (Obstipation).

Ein weiterer Effekt einer ballaststoffreichen Kost ist eine verzögerte Aufnahme von Traubenzucker ins Blut. Dies ist besonders bei der Ernährung von Diabetikern zu beachten. Der Blutzuckerspiegel steigt nach einer ballaststoffreichen Mahlzeit weniger an, als nach dem Verzehr vergleichbarer ballaststoffarmer Lebensmittel.

Ballaststoffe helfen mit, einen überhöhten Cholesterinspiegel zu senken:

- Hafererzeugnisse (Haferflocken, Haferkleie)
- Hülsenfrüchte
- pektinreiche Obstsorten wie Äpfel, Birnen und Beerenobst

sollten regelmäßig auf Ihrem Speiseplan stehen!

Ballaststoffe binden jedoch auch im Darm Gallensäuren und bringen somit das überschüssige Cholesterin zur Ausscheidung. Sie bewirken somit, einen überhöhten Cholesterinspiegel zu senken und helfen dadurch mit, Atherosklerose vorzubeugen.

Weiters haben sie die Eigenschaft, krebserregende Substanzen im Darm zu binden und somit auch Darmkrebs vorzubeugen.

Sie bewirken einen besseren Sättigungseffekt und wirken somit einer übermäßigen Kalorienzufuhr entgegen, was sich vor allem auf das Gewicht auswirkt.

Ballaststoffarme Lebensmittel		Ballaststoffreiche Alternative	
Semmel	3 g/100 g	Vollkornweckerl	7 g/100 g
Reis	1,4 g/100 g	Naturreis	2,8 g/100 g
Nudeln	3,4 g/100 g	Vollkornteigwaren	7 g/100 g
Weizenmehl	4 g/100 g	Vollkornmehl	12 g/100 g

Die Fette beeinflussen den Cholesterinspiegel

Chemisch betrachtet sind Fette und Öle, die in der Ernährung des Menschen Verwendung finden, Verbindungen von Glycerin und Fettsäuren. Tierische und pflanzliche Nahrungsfette, fest oder flüssig, sind alle nach einem Schema aufgebaut. Der Unterschied liegt in der Zusammensetzung der Fettsäuren.

Fettsäuren und deren Vorkommen in diversen Fetten und Ölen:

Gesättigte Fettsäuren	Hauptsächlich in tierischen Fetten wie Butter, Schmalz, Talg; in pflanzlichen Fetten wie Kokosfett und Palmkernfett
Einfach ungesättigte Fettsäuren	Olivenöl und Rapsöl
Mehrfach ungesättigte Fettsäuren	Sonnenblumen-, Maiskeim-, Distelöl, Diätmargarine

Fette erfüllen, wie andere Nährstoffe auch, lebenswichtige Funktionen als

- Energielieferanten
- Lieferant und Träger fettlöslicher Vitamine
- Lieferant essentieller Fettsäuren

Es wird empfohlen, maximal 25 bis 30 Prozent der Tagesenergie in Form von Fett aufzunehmen. Dies entspricht einer Menge von ca. 70 bis 80 Gramm Fett pro Tag. Dabei soll die Aufteilung der Fettsäuren zu je einem Drittel erfolgen.

Gesättigte Fettsäuren – Gefahr für Ihren Cholesterinspiegel

Gesättigte Fettsäuren beeinflussen den Blutcholesterinspiegel negativ, das heißt, sie führen zu einer Erhöhung des Cholesterins.

Sie kommen vor allem in tierischen Fetten wie Butter, Schmalz, Talg, Milchfett und daraus hergestellten Produkten vor. Pflanzliche Fette wie Kokos- und Palmkernfett sind ebenfalls sehr reich an gesättigten Fettsäuren und sollten daher eingeschränkt verwendet werden.

Nun werden Sie sich fragen, wie kann man erkennen, dass ein Fett reich an gesättigten Fettsäuren ist? Diese Fette haben einen hohen Schmelzpunkt und sind von Natur aus bzw. bei Zimmertemperatur meist fest.

Besonders bei einer cholesterinbewussten Ernährung sollte man die Zufuhr dieser Fette stark einschränken. Das heißt, wenig tierische Fette und fettreiche Produkte.

Neben dem Gehalt an gesättigten Fettsäuren ist natürlich der Gesamtfettgehalt eines Lebensmittels ausschlaggebend. Der Anteil gesättigter Fettsäuren ist immer in Relation zum Gesamtfettgehalt zu betrachten.

Zum Beispiel gibt es Milchprodukte in verschiedenen Fettgehaltsstufen. So beträgt der Anteil gesättigter Fettsäuren in 1/4 l 1 %igen Joghurt 2,5 g. In einem 3,6 %igen Joghurt beträgt der Anteil schon 9 g. Daher ist es enorm wichtig, auf den Fettgehalt zu achten.

Lebensmittel	**Gehalt % an gesättigten Fettsäuren**
Kokosfett	91 %
Kokosnüsse	91 %
Milch und Milchprodukte	61–64 %
Haselnüsse	62 %
Schokolade und daraus hergestellte Produkte	60 %
Mohn	54 %
Rindfleisch	48–50 %
Wurstwaren	38–51 %
Kalbfleisch	41–48 %
Schweinefleisch	39–46 %
Fische	22–40 %
Geflügel	29–32 %
Getreideprodukte	20–30 %
Diätmargarine	20 %
Erdnüsse	19 %
Pflanzliche Öle	9–15 %
Walnüsse	11 %

Gesättigte Fettsäuren

- Bewirken eine Erhöhung des LDL-Cholesterins
- Fördern Atherosklerose
- Begünstigen das Entstehen von Herz-Kreislauferkrankungen

Daher:
- ☞ Tierische Fette einschränken.
- ☞ Fleisch auf maximal 100–120 g/Tag einschränken. Sichtbares Fett entfernen. Fettarme Produkte (auch bei Wurstwaren) bevorzugen.
- ☞ Bei Milch und Milchprodukten fettarme Produkte bevorzugen.
- ☞ Zum Kochen/Aufstreichen auf Schmalz, Butter und Kokosfett verzichten!

Einfach ungesättigten Fettsäuren den Vorzug geben

Diese Fettsäuren kommen reichlich im Oliven- und Rapsöl vor. Sie haben keine negativen Auswirkungen auf das Blutcholesterin – im Gegenteil, sie können einen positiven Beitrag zur Senkung überhöhter Cholesterinwerte leisten.

Oftmals wird Olivenöl als „Wundermittel" im Kampf gegen Herzinfarkt und erhöhte Cholesterinwerte beschrieben. Dies muss man jedoch im richtigen Licht betrachten. Zurückzuführen ist dies auf die so genannte mediterrane Ernährungs- und Lebensweise. Das heißt, viel frisches Obst und Gemüse, Getreideprodukte, mehr Fisch anstelle von Fleisch. Olivenöl alleine kann auch keine Wunder wirken. Das heißt, es genügt nicht, dass wir unsere Schnitzel in Olivenöl anstelle von Sonnenblumenöl herausbacken.

Mehrfach ungesättigte Fettsäuren – für unseren Körper lebensnotwendig

Für den Aufbau von verschiedenen Hormonen und für viele andere Körpervorgänge benötigt unser Körper mehrfach ungesättigte Fettsäuren. Diese können von unserem Organismus nicht selbst gebildet werden, das heißt, wir müssen sie mit der Nahrung zuführen. Daher nennt man sie auch essentielle Fettsäuren.

Bei den mehrfach ungesättigten Fettsäuren unterscheidet man:

Omega-6-Fettsäuren

Dazu zählt die bekannte *Linolsäure*, die sich vorwiegend in hochwertigen pflanzlichen Fetten und Ölen findet wie Sonnenblumen-, Maiskeim- und Distelöl.

Diese Fettsäuren üben einen positiven Einfluss auf unseren Blutcholesterinspiegel aus.

Omega-3-Fettsäuren

Alpha-Linolensäure: kommt in pflanzlichen Fetten und fetthaltigen Lebensmitteln vor wie beispielsweise Rapsöl, Leinöl, Leinsamen, Walnüsse und Weizenkeime.

Eicosapentaensäure (EPA) und Docosahexaensäure (DHA):
Kaltwasserfische wie Lachs, Makrele und Hering sind reich an diesen hoch ungesättigten Omega-3-Fettsäuren.

Omega-3-Fettsäuren bewirken:

- **eine bessere Fließeigenschaft des Blutes,**
- **das Blut wird dünnflüssiger – die Gerinnungszeit wird verlängert,**
- **Blutplättchen kleben weniger zusammen,**
- **wirken entzündungshemmend**
- **eine Reduzierung von Herzrythmusstörungen.**

Einfach und mehrfach ungesättigte Fettsäuren

- Üben einen positiven Einfluss auf den Blutcholesterinspiegel aus (weniger LDL),
- wirken somit Atherosklerose entgegen und
- schützen unseren Körper vor Herz-Kreislauferkrankungen.

Daher: ☞ Zum Kochen und Aufstreichen pflanzliche Fette und Öle verwenden.

☞ 1–2 x pro Woche eine Fischmahlzeit essen (bevorzugt Lachs, Makrele und Hering).

Weniger Fett – das richtige Fett

Das Problem in den industrialisierten Ländern ist, dass die Fettzufuhr meist viel zu hoch ist. Anstelle der 30 Prozent werden meist 40 bis 45 Prozent der Energieaufnahme in Form von Fett abgedeckt.

Die Folgen einer zu hohen Fettzufuhr sind Übergewicht und hohe Blutfettwerte (erhöhte Cholesterin- und Triglyceridwerte).

Anzustreben ist ein bewussterer Umgang mit Fett. Die Fettmenge soll generell reduziert werden, vor allem die von tierischen, versteckten Fetten. Wenig gesättigte und ein hoher Anteil ungesättigter Fettsäuren ist anzustreben.

Cholesterin

Der bekannteste fettähnliche Stoff ist das Cholesterin. Es kommt in fast allen tierischen und menschlichen Organen vor. Es hat im Körper wichtige Aufgaben wie Aufbau und Wachstum der Zellen, Bildung von Hormonen und Gallensäure zu erfüllen. Cholesterin wird vom Körper selbst gebildet. Es ist also nicht notwendig, Cholesterin mit der Nahrung zuzuführen.

Das in der Nahrung vorkommende Cholesterin findet sich in allen tierischen Lebensmitteln wie Eiern, Schalen- und Krustentieren, Fleisch, Butter, Milch und Milchprodukten.

Die tägliche Cholesterinaufnahme sollte 250 bis 300 mg nicht überschreiten. Tatsächlich nehmen wir oft bis zu 600 mg täglich mit der Nahrung auf.

Cholesterinfreie Lebensmittel	Cholesterinhältige Lebensmittel
Gemüse, Hülsenfrüchte, Kartoffeln, Obst, Getreide und Getreideprodukte, pflanzliche Fette und Öle	Fleisch, Wurst, Fisch, Schalen- und Krustentiere, Geflügel, Milch und Milchprodukte, Butter, Schmalz

Eiweiß – weniger ist mehr

Eiweiß hat die Aufgabe, Zellen, Muskeln und Organe aufzubauen und zu erhalten. Es ist der eigentliche Träger des Lebens.

Der tägliche Bedarf an Eiweiß beträgt 10–15 Prozent der Gesamtenergie oder 0,8 Gramm pro kg Körpergewicht. Dies entspricht einer Menge von 50–70 Gramm Eiweiß pro Tag.

Pflanzliche Eiweißquellen:
Hülsenfrüchte, Sojaprodukte, Getreideprodukte, Kartoffeln, Brot, Nüsse

Tierische Eiweißquellen:
Fleisch, Fisch, Geflügel, Eier, Milch und Milchprodukte, Käse

Der Nährstoff Eiweiß hat keinen direkten Einfluss auf den Blutcholesterinspiegel. Bedenken Sie jedoch, dass eiweißhältige tierische Nahrungsmittel wie Fleisch, Fisch, Milch, Käse etc. neben Eiweiß auch Fette (gesättigte Fettsäuren) und Cholesterin enthalten.

Vitamine – für Cholesterinbewusste

Vitamine sind für den Menschen von großer Bedeutung. Da der Körper seinen Vitaminbedarf nicht bzw. nicht in ausreichendem Maße selbst decken kann, müssen Vitamine mit der Nahrung zugeführt werden. In der Prävention der Atherosklerose spielen vor allem die Vitamine A, E, C sowie die Vitamine B6, B12 und Folsäure eine wichtige Rolle.

Vitamin	Tagesbedarf	Wirkung
A (Retinol)	0,8–1 mg	für Wachstum; hält Haut- und Schleimhäute gesund und ist für den Sehprozess notwendig; schützt die Zellen vor gefährlichen Oxidationsprozessen; kräftigt das Immunsystem; Vorkommen: in den pflanzlichen Lebensmitteln als Vorstufe Beta Carotin: Karotten, Spinat, Broccoli, grüne Blattgemüse, Tomaten, orange-farbene Früchte, Margarine in den tierischen Lebensmitteln als Vitamin A: Butter, Leber, Eigelb, Milch und Obers;
E (Tocopherol)	12–15 mg	wichtig für den Fettstoffwechsel (schützt Arterien vor Ablagerung von Cholesterin) Vorkommen: in hochwertigen Pflanzenölen, Margarinen, Sonnenblumen- und Kürbiskernen, Gemüse, Vollkornprodukten, Eiern, Fisch;
B 6 (Pyridoxin)	1,4–1,5 mg	Wichtig für den Eiweißstoffwechsel und die Blutbildung; hilft, das für die Gefäße schädigende Homocystein abzubauen; Vorkommen: besonders gute Quellen sind Schweinefleisch, Leber, Geflügel und Fisch; Getreideprodukte, Kartoffeln, Avocados und Bananen, Sellerie, Broccoli;

Vitamin	Tagesbedarf	Wirkung
B 12 (Cobalamin)	3 µg	Bildung und Abbau einzelner Aminosäuren, für die Reifung der roten Blutkörperchen. Wird auch für den Homocystein-Abbau benötigt. Vorkommen: ausschließlich in tierischen Lebensmitteln: Leber, Fleisch, Milch, Ei; in geringen Mengen in Sauerkraut und Bier;
FOLSÄURE	400 µg	für die Zellteilung und Zellneubildung; Bedarf ist bei Schwangeren besonders hoch. Mangel kann zu Störung der Zellneuteilung und Blutarmut führen. Folsäure ist am Abbau von Homocystein beteiligt und wirkt somit der Atherosklerose entgegen. Vorkommen: in grünem Blattgemüse, vorwiegend Spinat und Kohl, Broccoli, Fenchel, Spargel, Weizenkeimen, Nüssen, Vollkornprodukten, Fleisch, Leber, Milch und Milchprodukten, Eiern;
C (Ascorbinsäure)	100 mg	Abwehr von Infektionskrankheiten, Bildung von Knochen und Zähnen, Wund- und Narbenheilung, fördert die Eisenverwertung im Körper; schützt den Körper vor schädlichen Einflüssen von Sauerstoff und Umweltgiften; Mangel führt zu verminderter körperlicher und geistiger Leistungsfähigkeit, Müdigkeit und Schwäche, Anfälligkeit für Infektionskrankheiten steigt; Vorkommen: in allen frischen Obst- und Gemüsesorten; vor allem in Zitrusfrüchten, Sanddorn, schwarzen Johannisbeeren, Kiwi, Paprika, Kartoffeln.

Quelle: D.A.C.H. Referenzwerte für die Nährstoffzufuhr Erwachsener (2000)

Durch nährstoffschonende Zubereitung Vitamine erhalten

Vitamine sind sehr empfindliche Substanzen. Besonders die Einwirkung von Sauerstoff, Licht, Hitze und Wasser kann den Vitamingehalt vermindern. Werden Lebensmittel unsachgemäß aufbewahrt oder zubereitet, haben sie meist nur mehr einen Bruchteil ihres ursprünglichen Vitamingehaltes, wenn sie dann verzehrt werden. Daher sollte man einige wichtige Grundregeln, beginnend beim Einkauf bis hin zur Verarbeitung von Lebensmitteln, beachten.

Richtiger Einkauf

Beim Einkaufen sollte unbedingt auf die Frische geachtet werden. Lebensmittel mit langen Transportwegen unterliegen auch einem höheren Vitaminverlust – vor allem Obst und Gemüse. Nützen Sie das saisonale Angebot von Obst und Gemüse. Im Winter eignet sich gut tiefgekühltes Gemüse als Alternative.

Sachgemäße Lagerung

Obst und Gemüse unbedingt kühl und dunkel lagern, außerdem so bald wie möglich verbrauchen. Werden fertige Speisen im Kühlschrank aufbewahrt, Gefäße immer zudecken.

Fachgerechte Zubereitung

Obst und Gemüse erst kurz vor dem Verzehr zubereiten und in unzerkleinerter Form unter fließendem Wasser gründlich waschen. Auf gar keinen Fall Gemüse und Salate im Wasser liegen lassen – Vitamine werden somit ausgelaugt. Das Gemüse nur grob schneiden. Geschnittenes Gemüse mit etwas Essig oder Zitronensaft beträufeln – schützt Vitamine vor Sauerstoff.

Richtige Garmethode, Garzeit und Gartemperatur

Für die Zubereitung von Gemüse ist Dünsten oder Dämpfen in wenig Wasser sehr gut geeignet. Moderne Kochgeräte wie z. B. Kombi-Dämpfer kommen einer nährstoffschonenden Zubereitung sehr entgegen. Auch der Eigengeschmack der Speisen bleibt besser erhalten als beim Kochen. Gemüse in wenig Wasser und einem zugedeckten Topf garen. Zu lange Garzeiten sind auf alle Fälle zu vermeiden.

Langes Warmhalten zubereiteter Speisen vermeiden

Durch lange Warmhaltezeiten gehen viele Vitamine verloren. Aber auch durch das Wiederaufwärmen von Speisen leidet die ernährungsphysiologische Qualität.

Mineralstoffe und Spurenelemente

Mineralstoffe und Spurenelemente sind anorganische Verbindungen und erfüllen im Körper wichtige Funktionen als Bau- und Reglerstoffe. Nach ihrem Gehalt im Körper werden sie in Mengenelemente (z. B. Calcium, Phosphat, Kalium, Magnesium, Natrium und Chlorid) und Spurenelemente (z. B. Eisen, Jod, Zink, Flourid und Selen) eingeteilt.

Aufgaben:

- Aufbau von Knochen, Zähnen, Hormonen und Blutzellen
- Erhaltung der Gewebespannung
- Übertragung von Reizen bei Nerven und Muskelzellen
- Aktivierung von Enzymen im Stoffwechsel

Mineralstoffe und Spurenelemente reagieren ebenso wie Vitamine sehr empfindlich auf Sauerstoff, Hitze, Licht und Wasser. Deshalb gilt auch hier ein möglichst sorgsamer Umgang mit mineralstoffreichen Lebensmitteln. Besonders bei der Vor- und Zubereitung von Lebensmitteln sind einige grundlegende Kriterien zu beachten (siehe auch Kapitel Vitamine).

Sekundäre Pflanzenstoffe – Herz-Kreislauf-Schutzstoffe in Pflanzen

In den letzten Jahren sind die so genannten sekundären Pflanzenstoffe immer mehr ins Interesse der Ernährungsmedizin gerückt. Sekundäre Pflanzenstoffe kommen, wie der Name schon sagt, in pflanzlichen Lebensmitteln als Geschmacks-, Duft- und natürliche Farbstoffe vor. So verleihen sie Pflanzen ihre arttypische Farbe, ihren Geschmack und Geruch, aber sie schützen die Pflanze auch vor Schädlingen und Krankheiten. Es gibt zehntausende unterschiedliche Wirkstoffe in Pflanzen, die noch nicht alle erforscht sind.

Phytosterine haben eine cholesterinsenkende Wirkung.

Phytosterine kommen vor allem in fettreichen Pflanzenteilen wie Sonnenblumenkernen, Sesam und Sojabohnen vor. In geringen Spuren auch in Gemüse und Obst. Sie weisen eine ähnliche Struktur wie Cholesterin auf und verhindern daher, dass Cholesterin vom Darm ins Blut aufgenommen werden kann.

Gruppen von Sekundären Pflanzenstoffen	Ihre Wirkung
Carotinoide	● Beugen Krebs vor
Glucosinolate	● Natürlicher Schutz vor Bakterien, Viren und Pilzen
Phytoöstrogene	● Verhindern schädliche Oxidationen
Phytosterine	● Halten unser Blut flüssig
Polyphenole	● Stärken unser Immunsystem
Protease-Inhibitoren	● Wirken entzündungshemmend
Saponine	● Senken Blutcholesterin
Sulfide	
Terpene	

Der cholesterinsenkende Effekt kann mit der normalen Ernährung allein kaum erreicht werden. Seit einigen Jahren gibt es in Österreich eine spezielle Diät-Halbfettmargarine, die mit Phytosterinen angereichert ist. Eine 10–15 %ige Cholesterinsenkung kann dadurch erreicht werden.

Ein weiterer gefäßschützender Pflanzenstoff sind die so genannten **Sulfide.** Diese schwefelhaltigen Verbindungen geben Knoblauch, Lauch und Zwiebel ihr scharfes Aroma. Besonders Knoblauch gilt als „natürliches Antibiotikum". Sulfide bekämpfen auf natürliche Art und Weise Bakterien, Viren und Pilze und sind auch in der Vorbeugung von Krebserkrankungen und Herz-Kreislauferkrankungen bedeutend.

Daher täglich frischen Knoblauch und Zwiebel essen.

Polyphenole, wie sie beispielsweise in grünem Tee, Obst und Gemüse vorkommen, schützen unseren Körper vor schädlichen freien Radikalen und sind somit auch ein wichtiger Herz- und Gefäßschutz.

Cholesterinbewusste Lebensmittelauswahl

Weniger Fett – Qualität statt Quantität

Wie bereits beschrieben, ist der Nährstoff Fett für unseren Körper lebensnotwendig. Ganz ohne Fett könnten wir nicht leben. Der Fehler in unserer heutigen Ernährung liegt eindeutig an dem Zuviel an Fett. In der richtigen Menge genossen, erfüllt es wichtige Aufgaben im Körper. Nicht nur die Fettmenge, sondern auch vor allem die Art des Fettes (Zusammensetzung der Fettsäuren) spielen bei Menschen mit überhöhtem Cholesterinspiegel eine zentrale Rolle. Tierische Fette sind reich an gesättigten Fettsäuren und beeinflussen das Blutcholesterin negativ. Hingegen helfen pflanzliche Fette und Öle mit einem hohen Anteil an einfach und mehrfach ungesättigten Fettsäuren mit, überhöhtes Cholesterin abzubauen. Das heißt, weniger tierische Fette und mehr pflanzliche Fette und Öle verwenden!

Gefahr: versteckte Fette

Versteckte Fette kann man mit bloßem Auge nicht sehen. Sie werden deshalb auch als unsichtbare Fette bezeichnet und verstecken sich in Fleisch, Wurst, Käse, Milch und Milchprodukten, Knabbergebäck, Süßigkeiten etc. Und gerade das ist besonders gefährlich. Deshalb bedenken Sie: Fettarme Produkte bevorzugen und auf den Fettgehalt achten!

Anhand der unten angeführten Beispiele lässt sich erkennen, wie wichtig es ist, fettarme Lebensmittel auszuwählen und auf den angegebenen Fettgehalt zu achten. Auch bei der Zubereitung der Speisen sind fettarme Garmethoden wie Dämpfen, Dünsten, Grillen, und Kochen zu bevorzugen.

soviel Fett versteckt sich in ...		die fettärmere Variante ...	
1/4 l Joghurt (3,6 %)	9 g	1/4 l Joghurt (1 %)	2,5 g
100 g Salami	43 g	100 g Krakauer	6 g
1 Paar Frankfurter	24 g	1 Paar Putenfrankfurter	11 g
100 g Gervais 65 % F.i.Tr.	25 g	100 g Topfen 10 % F.i.Tr.	2,4 g
Brathuhn mit Haut (125 g)	23 g	Hühnerbrust ohne Haut	1,2 g
Croissant	12 g	Semmel	1 g
1 Stk. Schwarzwälder-Kirschtorte	24 g	Biskuit-Obststorte	3 g

Fett-Spar-Tipps

- Verwenden Sie zum Kochen und Anbraten von Speisen beschichtete Pfannen bzw. Geschirr.
- Bevorzugen Sie fettarme Garmethoden: Kochen, Dämpfen, Dünsten, fettarmes Braten und Backen im Rohr, Grillen. Verzichten Sie auf frittierte bzw. im Fett schwimmend herausgebackene Speisen.
- Gemüse, Geflügel oder Fisch kann man auch ganz ohne Fett in einem Dämpfeinsatz zubereiten.
- Achten Sie auf den Fettgehalt: Fettarme Milch und Milchprodukte, Käse bis max. 30 % F.i.Tr., mageres Fleisch, Geflügel ohne Haut, fettarme Wurstsorten;
- Viel an Fett lässt sich auch durch den Austausch von fettreichen zu fettarmen Produkten erreichen: z. B. ersetzen Sie Schlagobers (36 % Fett) durch Kaffeeobers (10–15 % Fett) oder Joghurt (1 % Fett).
- Entfernen Sie die Haut bei Geflügel.
- Zum Binden von Saucen können Sie auch passiertes Gemüse oder Kartoffeln verwenden.
- Für die Zubereitung von Ragouts, Eintöpfen etc. kann man anstelle von Speck auch mageren Schinken verwenden.
- Gehen Sie mit Streichfett sparsam um!

Süßigkeiten und Süßspeisen wie Schokolade, Kuchen und Torten, vor allem gefüllt mit Cremes, enthalten sehr viel Fett und auch Zucker. Daher ist es notwendig, diese „süßen Verführer" einzuschränken. Bedenken Sie, dass bereits mit einer Tafel Schokolade die Hälfte des Tagesbedarfes an Fett gedeckt wird. Ebenso sind Blätter- und Plunderteige sehr fettreich.

Fleisch und Wurst – weniger ist mehr

Auch in einer cholesterinbewussten Ernährung ist Fleisch erlaubt - hier gilt besonders: Qualität vor Quantität. Fleisch ist ein hochwertiges Lebensmittel und versorgt unseren Körper mit lebensnotwendigen Eiweißstoffen, Vitaminen und Mineralstoffen. Fleisch enthält jedoch auch unerwünschte Begleitstoffe wie gesättigte Fettsäuren und Cholesterin. Wählen Sie magere Fleischsorten aus und achten Sie auf eine fettarme Zubereitung. Fettes Fleisch vom Schwein, Rind oder Lamm sowie Innereien sollten Sie auf alle Fälle meiden.

Begnügen Sie sich mit maximal 100 g Fleisch pro Portion und bedenken Sie, die Beilage sollte die Hauptspeise sein. Außerdem

muss nicht jeden Tag Fleisch auf dem Speiseplan stehen. 2-3 fleischlose Tage in der Woche können durchaus sehr bekömmlich sein.

Wurstwaren sind großteils sehr fettreich (versteckte Fette). Magere Sorten wie Schinkenwurst, Krakauer, Rindersaftschinken und Putenwurst aber auch magerer Schweineschinken und magerer kalter Braten können im Rahmen einer cholesterinbewussten Ernährung eingesetzt werden.

Geflügel – ohne Haut	Huhn, Pute, Fasan und Rebhühner haben ein sehr fettarmes Fleisch und sind daher gut einsetzbar. Entfernen Sie jedoch die Geflügelhaut - denn hier versteckt sich viel Fett. Fettreichere Geflügelsorten sind Ente und Gans. Auch hier gilt: Fettarm zubereiten!
Fische – mindestens 1–2 mal pro Woche	Die meisten Fische sind sehr fett- und kalorienarm und deshalb bestens geeignet. Aber auch fettreichere Fische wie Lachs, Makrele, und Hering sind auf Grund ihres hohen Gehaltes an wertvollen Omega-3-Fettsäuren besonders empfehlenswert. Bevorzugen Sie fettarme Zubereitungsarten wie Dämpfen, Kochen, Grillen, Garen in der Folie. Meeresfrüchte, Schalen- und Krustentiere sind cholesterinreich und sollten deshalb eingeschränkt werden.
Milch und Milchprodukte – auf Fettgehalt achten	Bedenken Sie, dass in diesen Lebensmitteln oftmals ein hoher Gehalt an Fett, gesättigten Fettsäuren und Cholesterin enthalten ist. Bevorzugen Sie deshalb fettarme Varianten. Magerjoghurt, Buttermilch, Käsesorten bis maximal 30 % F.i.Tr., Magertopfen und Hüttenkäse sind besonders empfehlenswert.
Eier sind erlaubt	Ein Ei enthält bereits die Menge an Cholesterin, die pro Tag maximal zugeführt werden soll. Das heißt aber nicht, dass auf Eier gänzlich verzichtet werden muss. 2–3 Eier pro Woche sind genehmigt. Übrigens - Hühnereiweiß ist frei von Cholesterin.
Brot, Backwaren, Reis & Kartoffeln – die Basis unserer Ernährung	Diese Lebensmittelgruppe ist gerade für eine cholesterinbewusste Ernährung von besonderer Bedeutung. Getreide und daraus hergestellte Produkte, Reis und Kartoffeln tragen dazu bei, dass unser Körper mit wichtigen Vitaminen und Mineralstoffen sowie Ballaststoffen versorgt wird. Geben Sie Vollkornprodukten wie Vollkornbrot, Naturreis, Vollkornteigwaren den Vorzug, da hier ein höherer Ballaststoffanteil enthalten ist.

5 x am Tag Obst und Gemüse

Alle Obst und Gemüsesorten sind erlaubt. Sie sind fast fettfrei und wichtige Vitamin- und Mineralstoffspender. Außerdem enthalten sie so genannte sekundäre Pflanzenstoffe, die für die Gesundheit immer mehr an Bedeutung gewinnen.

Essen Sie täglich eine Portion Gemüse (ca. 200 g) sowie eine Portion Salat oder Rohkost. Hülsenfrüchte wie Erbsen, Linsen und Bohnen haben einen hohen Ballaststoffgehalt.

Obst ist ein idealer Vitaminspender und eignet sich hervorragend als Zwischenmahlzeit sowie für die Zubereitung von köstlichen Desserts bzw. Nachspeisen. Essen Sie mindestens 1–2 Portionen Obst pro Tag. Besonders pektinreiche Obstsorten wie Äpfel, Birnen und Beerenobst wirken sich günstig auf den Cholesterinspiegel aus.

Nüsse – Achtung Fett

Nüsse sind grundsätzlich nicht verboten, jedoch bedenken Sie, dass hier ein hoher Fettgehalt vorhanden ist. So liegt der Fettgehalt bei Nüssen zwischen 40 bis über 60 Prozent. Das heißt, dass Sie beispielsweise mit 100 g Haselnüssen oder Walnüssen nahezu Ihren Fettbedarf am Tag decken. Kokosnüsse enthalten einen hohen Anteil an gesättigten Fettsäuren!

Zucker & Süßwaren – weniger ist mehr

Grundsätzlich essen wir Zuviel an Zucker und Süßigkeiten. Diese Lebensmittel sind nicht verboten - bedenken Sie jedoch: Die Dosis macht das Gift! Sollten Sie jedoch auch überhöhte Triglyceridwerte haben, so schränken Sie Zucker und Süßigkeiten komplett ein.

Kuchen und Torten enthalten meist viel an versteckten Fetten und Zucker. Fettärmere Teige wie Strudel- und Germteig sind gut einsetzbar. Bereiten Sie Kuchen oder Teige mit Vollkornmehl zu, zumindest verwenden Sie die halbe Menge Vollkornmehl vermischt mit normalem Mehl. Dadurch wird der Ballaststoffanteil erhöht.

Schokolade, Pralinen, Nougat, Marzipan und Cremeeis sind sehr fettreich und aus diesem Grund nicht optimal!

Salz & Gewürze – so bringen Sie Geschmack in Ihre Speisen

Die meisten Menschen ernähren sich zu salzreich. Ein hoher Salzkonsum kann die Entstehung von Bluthochdruck begünstigen und ist somit ein gewisser Risikofaktor für unser Herz-Kreislaufsystem. Bedenken Sie, dass in vielen Lebensmitteln (Brot, Käse, Wurst, Fertigprodukte) Salz in ausreichender Menge enthalten ist. Geben Sie Ihren Speisen eine persönliche Note durch die Verwendung von frischen Kräutern und Gewürzen. Grundsätzlich können alle Kräuter und Gewürze verwendet werden.

Der richtige Drink

Die beste Quelle, seinen Durst zu löschen, sind Trink- und Mineralwasser sowie ungezuckerte Kräuter- und Früchtetees. Auch ungezuckerte Fruchtsäfte, verdünnt mit Wasser, sind gegen den Durst optimal einsetzbar. Alle herkömmlichen Limonaden und Getränke weisen einen hohen Zuckergehalt auf und sind somit eher ungünstige Flüssigkeitsspender. Wenn man auf Cola oder andere Limonaden nicht verzichten möchte, ist es vorteilhafter, die am Markt angebotenen „Light"-Varianten zu konsumieren.

Kaffee, schwarzer Tee und Kakao sind Genussmittel, welche nur in mäßigen Mengen genossen werden sollten. Koffein bewirkt im menschlichen Körper eine allgemeine Anregung des Zentralnervensystems, eine Steigerung der Herztätigkeit und des Blutdruckes sowie eine kurzfristige Belebung der geistigen und körperlichen Leistungsfähigkeit. Filterkaffee beeinflusst Ihren Cholesterinspiegel nicht – verwenden Sie Magermilch anstelle von Kaffeeobers.

Alkohol ist als Durstlöscher überhaupt nicht geeignet. Egal ob Wein, Bier, Spirituosen und alkoholische Cocktails, all diese Getränke haben reichlich Kalorien und schädigen bei regelmäßigem Konsum vor allem Leber, Bauchspeicheldrüse und auch das Gehirn.

Gegen ein Gläschen Wein oder Bier zu einem festlichen Essen spricht sicherlich nichts.

Cholesterinbewusst Essen & Trinken

Lebensmittelgruppe	Wieviel soll ich davon essen?
Fisch, Geflügel, Fleisch, Wurstwaren	mindestens 1-2 x pro Woche Fisch (á 120–150 g) höchstens 2–3 x pro Woche Fleisch oder Geflügel (100– max. 150 g) höchstens 2–3 x pro Woche Wurst (max. 50 g)
Milch, Milchprodukte und Eier	täglich 1/4 l fettarme Milch und/oder Milchprodukte (Joghurt) und fettarmen Käse (ca. 30 g) maximal 2–3 Eidotter pro Woche
Fette und Öle	1–2 EL hochwertiges Pflanzenfett/-öl zum Kochen 1 EL Diät-/Halbfettmargarine zum Aufstreichen
Brot, Gebäck, Getreide und Getreideprodukte, Kartoffeln	täglich bis zu 5 Scheiben Brot, 1 Port. Naturreis oder Vollkornteigwaren (gekocht 200–250 g) oder 1 Port. Kartoffeln (ca. 200–300 g)
Gemüse, Hülsenfrüchte	täglich mindestens 1 Port. gegartes Gemüse (ca. 200 g) und 1 Port. Rohkost (70–100 g) täglich 1 Portion Salat (70–80 g)
Obst	täglich mindestens 1–2 Stück frisches Obst
Getränke	täglich 1,5–2 l Flüssigkeit – bevorzugen Sie Mineralwasser, ungesüßten Früchte- oder Kräutertee, verdünnte Obstsäfte – Kaffee/schwarzen Tee in Maßen

Cholesterinbewusster Einkauf

Beim Einkauf treffen Sie Ihre Auswahl an Lebensmitteln. In den Supermärkten sind wir von tausenden Artikeln und Lebensmitteln umgeben, und das ist natürlich schon sehr verführerisch. Hier nun einige Tipps, wie Sie fett- und cholesterinbewusst einkaufen gehen:

- Schreiben Sie sich zu Hause auf, was und wieviel Sie brauchen, also eine genaue Einkaufsliste.
- Gehen Sie nie hungrig einkaufen. Gerade hier verfällt man den vielen Verführungen.
- Bleiben Sie standhaft und halten Sie sich an Ihre Notizen.
- Beachten Sie die Nährwertangaben und besonders den Fettgehalt.
- Legen Sie sich keine zu großen Nasch-Vorräte (Schokolade etc.) an.

10 Tipps für eine cholesterinbewusste Ernährung

Eine cholesterinbewusste Ernährung enthält alle notwendigen Nährstoffe, die den Körper gesund sowie geistig und körperlich leistungsfähig erhalten. Diese Ernährungsform hat weder Gebote noch Verbote. Im richtigen Maß kann man essen und trinken, was Spaß macht. Cholesterinbewusste Ernährung ist weder fleischlos, noch verbietet sie den Verzehr industriell verarbeiteter Lebensmittel und schreibt keine Produkte aus alternativem Anbau vor. Wichtig ist die ausgewogene Zusammensetzung der einzelnen Lebensmittel, sowohl in quantitativer als auch in qualitativer Hinsicht.

1. Essen Sie vielseitig - aber nicht zu viel

Abwechslungsreiches Essen schmeckt und ist vollwertig. Je vielfältiger und sorgfältiger Sie Ihren Speiseplan zusammenstellen, desto leichter lässt sich eine mangelhafte Versorgung mit lebensnotwendigen Nährstoffen oder eine Belastung durch unerwünschte Stoffe in der Nahrung vermeiden. Achten Sie auf den Energiegehalt, damit kein Über- bzw. Untergewicht entsteht.

2. Gehen Sie mit Fett und fettreichen Lebensmitteln sparsam um

Zu viel Fett macht fett. Viele ernährungsbedingte Erkrankungen sind die Folge einer zu fettreichen Ernährung. Achten Sie daher besonders auf die versteckten Fette, die sich in Fleisch, Wurst, Käse, Nüssen und Süßigkeiten verbergen, und bevorzugen Sie fettarme Zubereitungsarten.

3. Würzig, aber nicht salzig

Kräuter und Gewürze unterstreichen den Eigengeschmack der Speisen. Zu viel Salz kann zu Bluthochdruck führen. Geben Sie deshalb frischen Kräutern und Gewürzen den Vorzug.

4. Genießen Sie selten Süßes

Genießen Sie Süßes in kleinen Mengen und selten. Zu viel Zucker wandelt der Körper in Fett um. Außerdem können Zucker und Süßigkeiten die Triglyceride erhöhen. Bedenken Sie, dass Mehlspeisen oftmals auch einen hohen Fettanteil haben.

5. Bevorzugen Sie Vollkornprodukte

Diese Produkte enthalten günstige Kohlenhydrate und liefern dem Körper wichtige Vitamine, Mineralstoffe und Ballaststoffe.

Bevorzugen Sie deshalb Vollkornbrot, Naturreis, Getreidegerichte, Vollkornnudeln oder Müsli. Ballaststoffreiche Lebensmittel helfen Ihnen, einen überhöhten Cholesterinspiegel zu senken.

6. Täglich bis zu 5 x Obst und Gemüse

Frischkost in Form von Obst, Rohkost und Salaten, aber auch Gemüse sollte täglich Ihren Speiseplan bereichern. Diese Produkte sind reich an Vitaminen, Mineralstoffen und Ballaststoffen.

7. Weniger tierisches Eiweiß

Das pflanzliche Eiweiß aus Kartoffeln, Hülsenfrüchten und Getreide ist günstig für eine vollwertige Ernährung. Milch, fettarme Milchprodukte und Fisch sind wertvolle Eiweißlieferanten. Schränken Sie den Verbrauch von Fleisch und Wurst zugunsten von Fisch und fleischlosen bzw. -armen Speisen ein.

8. Trinken Sie mit Verstand

Der Körper benötigt mindestens 1,5–2 Liter Flüssigkeit pro Tag. Als Durstlöscher geeignet sind Wasser, Mineralwasser, ungesüßte Tees, verdünnte Obst- und Gemüsesäfte. Alkohol hingegen ist kein Durstlöscher. Größere Mengen an Alkohol schaden der Gesundheit. Wenn Sie überhöhte Triglyceridwerte haben, dann sollten Sie auf Alkohol gänzlich verzichten.

9. Essen Sie öfters am Tag

Die üblichen drei Hauptmahlzeiten sollen auf fünf kleinere Mahlzeiten aufgeteilt werden. Große Mahlzeiten belasten die Verdauungsorgane und machen müde.

10. Schmackhaft und nährstoffschonend zubereiten

Besonders Vitamine und Mineralstoffe sind sehr empfindlich und können durch unsachgemäße Vor- und Zubereitung der Speisen zerstört werden. Deshalb sollte besonders auf Temperatur und Garzeit geachtet werden.

Die ersten Schritte ...

Sie haben nun in den vorangegangen Kapiteln sehr viele Informationen erhalten, wie Sie mit Ernährung Ihren Cholesterinspiegel senken können. Cholesterinbewusst leben heißt, dass man Schritt für Schritt seinen Ernährungs- und Lebensstil etwas verändert. Jede Veränderung ist jedoch auch mit Schwierigkeiten verbunden. Denn über Jahrzehnte gelernte und liebgewonnene Gewohnheiten kann man nicht von einem Tag auf den anderen ändern. Das bereitet vielen Menschen Probleme. Daher ist es notwendig, dass man sich realistische Ziele setzt. Gehen Sie den Weg der kleinen Schritte. Gerade kleine Schritte können zu einem großen Ziel führen. Hier abschließend noch einige Tipps, die Ihnen den Beginn erleichtern:

- Überlegen Sie sich genau, was Sie ändern bzw. verbessern möchten und schreiben Sie sich das auf.
- Planen Sie die Veränderung in kleinen Schritten.
- Setzen Sie sich realistiche und auch erreichbare Ziele. Vereinbaren Sie mit sich selbst gewisse Ziele. Zum Beispiel: „Ich verzichte auf Süßigkeiten vor dem Schlafengehen".
- Legen Sie ein Ernährungstagebuch an. Schreiben Sie sich zumindest die ersten 3–4 Wochen auf, was, wieviel und wann Sie etwas essen.
- Nehmen Sie sich zum Essen Zeit und lassen Sie sich nicht ablenken (z. B. durch Fernsehen).
- Kauen Sie gut und langsam. Genießen Sie Ihre Mahlzeit.
- Lernen Sie „Nein" sagen.
- Gehen Sie mit Ihrer Einkaufsliste einkaufen und lassen Sie sich nicht „verführen".
- Strenge Verbote machen keinen Sinn, denn gerade dann sind sie besonders reizvoll.

SALATE UND ROHKOST

ALPENLÄNDISCHER BAUERNSALAT

Nährwerte pro Portion:	
kcal	228
kJ	956
EW/g	6
F/g	20
KH/g	6
Bal/g	3
Chol/mg	11

80 g rote, grüne und gelbe Paprikaschoten
80 g Tomaten
60 g Jungzwiebeln, 50 g Zucchini
130 g Salatgurken
100 g Schafskäse
2 EL Rotweinessig, 3 EL Distelöl, 3 EL Kürbiskernöl
Knoblauch, Salz, Pfeffer

1 Zwiebeln, Gurken, Tomaten, Zucchini und Paprikaschoten in Würfel schneiden.

2 Mit Distelöl, Rotweinessig, Salz, Pfeffer und Knoblauch marinieren.

3 Schafskäse würfelig schneiden und vorsichtig unter den Salat mischen.

4 Mit Kürbiskernöl beträufeln.

APFEL-KOHLRABI-FRISCHKOST

Nährwerte pro Portion:

kcal	99
kJ	414
EW/g	3
F/g	6
KH/g	9
Bal/g	2
Chol/mg	3

200 g Kohlrabi
200 g Äpfel (Cox orange)
30 g Sauerrahm
30 g Joghurt (1 %)
30 g Walnüsse
Süßstoff
etwas Zitronensaft

1 Kohlrabi schälen und mit den ungeschälten Äpfeln raspeln.

2 Sauerrahm und Joghurt fein verrühren, Walnüsse hacken und dazugeben, mit Süßstoff und etwas Zitronensaft abschmecken.

3 Auf Teller gefällig anrichten und mit Apfelspalten und Walnüssen garnieren.

BUNTER SOMMERSALAT MIT TOMATENDRESSING

Je 1 rote und weiße Zwiebel
1 EL Olivenöl, 1 Prise Kristallzucker, Himbeeressig
300 g Fleischtomaten
Basilikum, Salz, Pfeffer
gemischte Blattsalate (Eisberg, Rucola, Löwenzahn, Batavia, ...)
gemischte Kräuter nach Belieben

Nährwerte pro Portion:	
kcal	74
kJ	309
EW/g	2
F/g	4
KH/g	7
Bal/g	2
Chol/mg	0

1 Die weiße Zwiebel in Olivenöl anschwitzen, etwas Kristallzucker dazugeben. Mit Himbeeressig ablöschen. Die geschälten, entkernten und würfelig geschnittenen Tomaten dazugeben und etwas einkochen lassen. Mit Salz, Pfeffer und Basilikum würzen. Die Sauce durch ein Sieb streichen und mit Essig säuerlich abschmecken, dann auskühlen lassen.

2 Blattsalate putzen, waschen und in mundgerechte Stücke zerteilen. Mit der Tomatensauce üppig beträufeln und mit der roten Zwiebel und Kräutern bestreuen.

Auf diesen Salat passen ausgezeichnet gebratene Hühnerbruststückchen oder ein knusprig gebratenes Zanderfilet.

DINKELSALAT MIT GEMÜSEPOTPOURRIE

Nährwerte pro Portion:	
kcal	310
kJ	1298
EW/g	7
F/g	15
KH/g	36
Bal/g	6
Chol/mg	0

200 g Dinkel, 3/4 l klare Gemüsesuppe
Lorbeerblätter, Pfefferkörner, Kräutersalz
3 Tomaten, 100 g Zucchini, 100 g Jungzwiebeln
1/8 l Apfelessig, 4 EL Sonnenblumen- oder Distelöl
gehackte Kräuter, Salz, Pfeffer

1 Dinkel waschen und mit Gemüsesuppe, Lorbeerblättern, Pfefferkörnern und Kräutersalz kochen. 45 Minuten köcheln und 10 Minuten ziehen lassen. Auskühlen und abtropfen lassen.

2 Mit Essig, Öl und den Gewürzen marinieren und mindestens 1 Stunde ziehen lassen.

3 Zucchini würfelig schneiden, kurz anschwitzen und überkühlen. Jungzwiebeln in Scheiben schneiden, Tomaten schälen, entkernen und in Würfel schneiden.

4 Jungzwiebeln, Tomaten- und Zucchiniwürfel kurz vor dem Servieren unter den Dinkel mischen, abschmecken und mit frischen Kräutern bestreuen.

FEINER BULGURSALAT MIT ROSINEN UND MINZE

160 g Bulgur
4 Tomaten
4 kleine, weiße Zwiebeln
1 Bd. Minze, 1 Bd. Petersilie, weißer Pfeffer
50 g Rosinen, 1 Zitrone
3 EL Olivenöl, Salz, Pfeffer aus der Mühle

Nährwerte pro Portion:	
kcal	298
kJ	1249
EW/g	5
F/g	12
KH/g	41
Bal/g	7
Chol/mg	0

1 Bulgur nach Anleitung kochen.

2 Tomaten blanchieren, enthäuten und in kleine Würfel schneiden.

3 Die fein gehackten Zwiebeln und die fein gehackte Petersilie in Olivenöl anschwitzen. Rosinen waschen.

4 Bulgur mit Tomaten, Zwiebeln und Rosinen sowie den Gewürzen und dem Zitronensaft vermischen.

5 Auf flachen Tellern anrichten und mit Minze garnieren.

LAUCHSALAT MIT TOMATEN & PAPRIKA

Nährwerte pro Portion:	
kcal	115
kJ	482
EW/g	3
F/g	8
KH/g	7
Bal/g	4
Chol/mg	0

200 g Lauch, 200 g Tomaten
je 1 rote, grüne und gelbe Paprikaschote
2 EL Olivenöl (kaltgepresst)
1 Lorbeerblatt, Korianderkörner
1/16 l klare Gemüsesuppe
Zitronensaft, Petersilie, Süßstoff, Wasser

1 Lauch putzen, waschen und nudelig schneiden. Paprika waschen, entkernen und in kleine Würfel schneiden.

2 Olivenöl erwärmen, Paprikawürferl anschwitzen, mit Gemüsesuppe aufgießen, Lorbeerblatt und Korianderkörner dazugeben und kernweich dünsten.

3 Für die Marinade 2 TL Zitronensaft, Wasser und Petersilie vermischen, mit etwas Süßstoff abschmecken.

4 Gemüse marinieren und zum Schluss abgezogene Tomatenvierteln daruntermischen.

5 In Porzellanschüsserl anrichten und mit Paprikastückchen garnieren.

NUDELSALAT MIT HÜHNERSTÜCKCHEN

200 g Spiralen
160 g Hühnerbrüstchen
Salz, weißer Pfeffer
10 g Diätmargarine
100 g junge Spinatblätter, 1 rote Zwiebel
1/2 Becher Joghurt (1 %), 1/2 Becher Sauerrahm
frischer Basilikum, Salz, Pfeffer, 1 Knoblauchzehe

Nährwerte pro Portion:

kcal	297
kJ	1244
EW/g	19
F/g	7
KH/g	38
Bal/g	4
Chol/mg	83

1 Spiralen bissfest kochen und kalt abschrecken.

2 Hühnerbrüstchen würzen und in etwas Diätmargarine in einer beschichteten Pfanne goldgelb braten. Anschließend in Scheiben schneiden.

3 Spinatblätter putzen und waschen. Zwiebel fein hacken.

4 Aus Joghurt, Rahm, Salz, Pfeffer und Knoblauch eine cremige Sauce rühren (ev. 1 EL Balsamicoessig beifügen).

5 In einer Porzellanschüssel Blattspinat, Spiralen, Hühnerbrüstchen und Zwiebel anrichten, mit cremiger Salatsauce überziehen und mit gehacktem Basilikum bestreuen.

PIKANTER RINDFLEISCH-SALAT MIT KERNÖL

Nährwerte pro Portion:	
kcal	224
kJ	937
EW/g	18
F/g	15
KH/g	5
Bal/g	2
Chol/mg	56

320 g gekochtes, mageres Rindfleisch
100 g rote Zwiebeln, 60 g Essiggurkerl
50 g gelbe Paprikaschote
1 große Fleischtomate
1 Bd. Schnittlauch
Hesperidenessig, 3 EL Kürbiskernöl
Salz, Pfeffer, etwas Zucker, Wasser

1 Das gekochte Rindfleisch in Streifen schneiden; Zwiebeln, Gurkerl und Paprika fein nudelig schneiden.

2 Fleischtomate in kleine Spalten schneiden; Schnittlauch fein schneiden.

3 Hesperidenessig mit Wasser verdünnen, Salz, Pfeffer und Zucker dazugeben.

4 Das Essig-Gemisch mit Rindfleisch und dem Gemüse mischen und 1–2 Stunden im Kühlschrank ziehen lassen.

5 Zum Schluss mit Kürbiskernöl beträufeln und anrichten.

RADICCHIO-RUCOLA-FRISEE-SALAT

Nährwerte pro Portion:

kcal	70
kJ	293
EW/g	1
F/g	4
KH/g	7
Bal/g	Spuren
Chol/mg	0

Je 1 Häuptel Radicchio- und Frisee-Salat
1 Tasse Rucola-Salat
1 Zitrone, 1/8 l frisch gepresster Orangensaft
1 EL Olivenöl, 1 EL Honig
Estragon

1 Blattsalate putzen, waschen, trocknen und in mundgerechte Stücke zerteilen.

2 Zitronen- und Orangensaft, Olivenöl und Honig vermischen und über den Salat gießen.

3 Vor dem Servieren mit gehacktem Estragon bestreuen.

SAUERKRAUT-ROHKOST MIT SOJASPROSSEN

Nährwerte pro Portion:	
kcal	42
kJ	175
EW/g	2
F/g	1
KH/g	5
Bal/g	5
Chol/mg	0

400 g mildes Sauerkraut
60 g Karotten, 10 g Sellerie, 60 g Äpfel (säuerlich)
60 g Salatgurke, 30 g Sojasprossen
Apfelessig, Apfelsaft
Salz

1 Gemüse putzen und in feine Streifen schneiden.

2 Sauerkraut waschen und mit dem übrigen Gemüse vermengen.

3 Mit Apfelessig, Salz und etwas Apfelsaft abschmecken.

4 In einer Glasschüssel anrichten und mit Apfelspalten und Sojasprossen garnieren.

AUF-
STRICHE

DILL-LACHS-CREME

Nährwerte pro Portion:	
kcal	101
kJ	421
EW/g	14
F/g	2
KH/g	5
Bal/g	0
Chol/mg	10

250 g Magertopfen
50 g Joghurt (1 %)
100 g Räucherlachs
1 EL Dille, fein gehackt
weißer Pfeffer
1 TL Zitronensaft
1 KL gehackte Kapern

1 Passierten Topfen mit Joghurt cremig rühren. Räucherlachs fein hacken. Alle Zutaten vermischen und abschmecken.

Dieser Aufstrich schmeckt hervorragend zu Vollkorn- oder Leinsamenbrot.

FEINER TOPFENAUFSTRICH

Nährwerte pro Portion:	
kcal	170
kJ	713
EW/g	18
F/g	8
KH/g	5
Bal/g	1
Chol/mg	26

250 g Magertopfen
50 g Joghurt (1 %)
Salz, weißer Pfeffer
1 Knoblauchzehe
100 g Putenschinken
je 2 EL Kürbis- und Sonnenblumenkerne

1 Fein passierten Magertopfen mit Joghurt, Salz, Pfeffer und Knoblauch cremig rühren. Fein faschierten Putenschinken dazugeben. Kürbis- und Sonnenblumenkerne im Rohr rösten und danach grob hacken. Alles vermischen und abschmecken.

GEMÜSEVERHACKERTS

Je 30 g Zuckerkarotten, Stangensellerie, Salatgurke, Kohlrüben, rote und grüne Paprikaschoten, Maiskörner, Jungzwiebeln, Radieschen
50 g Kartoffeln, Gemüsesuppe
250 g Magertopfen, 1/16 l Joghurt (1 %), 1/16 l Sauerrahm
Salz, Pfeffer, 1 EL Schnittlauch, 1 EL Petersilie
8 Scheiben Vollkornbrot oder Bauernbrot

Nährwerte pro Portion:

kcal	237
kJ	992
EW/g	15
F/g	3
KH/g	36
Bal/g	8
Chol/mg	7

1 Alle Gemüsesorten klein würfelig schneiden und in Gemüsesuppe kochen. Kalt abschrecken und gut abtropfen lassen.

2 Passierten Topfen, Joghurt und Sauerrahm mit den Gewürzen cremig verrühren und das Gemüse darunter mischen.

3 Das Brot toasten und mit Gemüseverhackertem bestreichen. Mit frischem Schnittlauch und Petersilie bestreuen.

RADIESCHEN-ROHKOST-AUFSTRICH

Nährwerte pro Portion:	
kcal	62
kJ	260
EW/g	10
F/g	0,2
KH/g	5
Bal/g	1
Chol/mg	Spuren

150 g Radieschen
250 g Magertopfen
50 g Joghurt (1 %)
Salz, Pfeffer
Knoblauch
1 TL gehackte Petersilie

1 Radieschen putzen, waschen und mit Krenreißer raspeln.

2 Magertopfen, Joghurt und Gewürze abrühren und Radieschen dazugeben.

3 Gut durchmischen und mit frischer Petersilie bestreuen.

Gut eignet sich Pumpernickel oder Vollkornbrot.

WACHAUER HEURIGENAUFSTRICH

1 Rolle Quargel
250 g Magertopfen, 50 g Joghurt (1 %)
1 kleine Zwiebel
1 EL Kapern
1 KL Estragonsenf, Knoblauch
2 EL Paprikapulver, 1 TL gemahlener Kümmel, Salz

Nährwerte pro Portion:	
kcal	96
kJ	403
EW/g	14
F/g	1
KH/g	7
Bal/g	1
Chol/mg	1

1 Quargel fein zerdrücken und mit Topfen und Joghurt passieren, cremig rühren.

2 Zwiebel und Kapern fein hacken und zusammen mit den Gewürzen mit der Käsemasse vermischen.

3 Vor dem Servieren nochmals abschmecken.

ZIEGENTOPFEN-AUFSTRICH MIT MARILLENSTÜCKCHEN

Nährwerte pro Portion:	
kcal	236
kJ	989
EW/g	13
F/g	16
KH/g	9
Bal/g	2
Chol/mg	30

1 kleine rote Zwiebel
5 getrocknete Marillen
2 EL Sonnenblumenkerne
250 g Ziegentopfen, 50 g Acidophilusmilch
1 EL Akazienhonig
Salz, Cayennepfeffer
2 EL Schnittlauch

1 Marillen in kleine Würfel schneiden, Sonnenblumenkerne hell anrösten.

2 Ziegentopfen mit Acidophilusmilch und Akazienhonig glatt rühren, mit Salz und Cayennepfeffer würzen.

3 Gehackte Zwiebel, Marillenwürfel sowie geschnittenen Schnittlauch unter die Masse heben und abschmecken.

4 Aufstrich in ein Töpfchen füllen und mit gehackten Sonnenblumenkernen bestreuen.

Dieser Aufstrich passt gut zu einem kräftigen Bauern- oder Vollkornbrot.

WÜRZIGER ERDÄPFELKAS

Nährwerte pro Portion:	
kcal	113
kJ	473
EW/g	4
F/g	4
KH/g	15
Bal/g	3
Chol/mg	12

350 g Erdäpfel
1/2 Becher Sauerrahm
1/2 Becher Joghurt (1 %)
80 g rote Zwiebeln
40 g gelbe Paprikaschoten
Salz, Pfeffer, Schnittlauch, Kerbel

1 Erdäpfel waschen, kochen, schälen und durch eine Erdäpfelpresse drücken, auskühlen lassen.

2 Die Zwiebeln fein hacken und den Paprika würfelig schneiden.

3 Mit Sauerrahm, Joghurt, Zwiebeln, gelben Paprikastückchen und den Gewürzen vermischen und abschmecken.

4 Mit frischem Schnittlauch und Kerbel bestreuen.

VOR-SPEISEN & KLEINE GERICHTE

FARFALLE MIT STEINPILZEN

Nährwerte pro Portion:

kcal	352
kJ	1475
EW/g	13
F/g	8
KH/g	56
Bal/g	9
Chol/mg	4

300 g Farfalle
300 g Steinpilze
1 EL Olivenöl
gemahlener Kümmel, Salz
3 EL Mayonnaise (25 %)
4 EL Joghurt (1 %)
Knoblauch, Curry, etwas Vogerlsalat

1 Farfalle in Salzwasser bissfest kochen und abschrecken.

2 Pilze putzen, blättrig schneiden und in Olivenöl kurz anbraten. Mit gemahlenem Kümmel und Salz würzen.

3 Mayonnaise und Joghurt verrühren und mit etwas Curry und Knoblauch vermischen. Farfalle mit Mayonnaise vermischen und die Steinpilze beimengen.

4 Auf Teller anrichten und mit Vogerlsalat garnieren.

FLECKERLN NACH BAUERNART

200 g Fleckerln
200 g grober Topfen (20 %)
3 EL Sauerrahm
3 EL Acidophilusmilch (Sauermilch)
100 g gekochter, magerer Schinken
2 Zwiebeln
1 EL Sonnenblumenöl, Salz, Pfeffer

Nährwerte pro Portion:

kcal	314
kJ	1314
EW/g	20
F/g	9
KH/g	39
Bal/g	3
Chol/mg	70

1 Zwiebeln fein hacken und in Sonnenblumenöl goldgelb rösten, klein würfelig geschnittenen Schinken kurz mitrösten.

2 Die Fleckerln bissfest kochen und gut abtropfen lassen.

3 Sauerrahm, Topfen und Acidophilusmilch gut verrühren und mit den Fleckerln vermischen.

4 In einem tiefen Teller anrichten und mit dem gerösteten Schinken servieren.

Als Beilage eignen sich sehr gut Salatherzen oder Gurkensalat.

FORELLENPARFAIT

Zutaten für 1 Terrinenform (8–10 Portionen)

Nährwerte pro Portion:

kcal	288
kJ	1205
EW/g	29
F/g	12
KH/g	14
Bal/g	4
Chol/mg	82

400 g Räucherforellenfilet, 1/16 l Weißwein
4 Blatt Gelatine, 100 g Magerjoghurt, 100 g Schlagobers
je 70 g rote, grüne, gelbe Paprikaschoten
Mangoldblätter, 60 g gekochte Weizenkörner
Salz, Pfeffer, Zitronensaft, Muskat
Frisee- und Rucola-Salat zum Garnieren

1 Räucherforellenfilet in Würfel schneiden und fein im Mixer pürieren.

2 Aufgeweichte Gelatine im Weißwein auflösen und mit Joghurt glatt rühren. Unter die Räucherforellenmasse rühren und das halbfest geschlagene Obers unterziehen.

3 Paprika in Stücke schneiden, kurz dämpfen, auskühlen lassen und mit Getreide und Farce mischen. Mit den Gewürzen abschmecken.

4 Die Terrinenform mit blanchierten Mangoldblättern auskleiden und die Masse gleichmäßig verstreichen – mit Mangoldblättern verschließen und mindestens 4 Stunden kalt stellen.

5 Terrine aufschneiden und auf Tellern gefällig anrichten. Mit Frisee- und Rucola-Salat garnieren.

GEDÜNSTETE HIRSE MIT GEMÜSERATATOUILLE

160 g Hirse, 600 g Zwiebelringe
3 EL Rapsöl, 1/2 l klare Gemüsesuppe
400 g kleine Melanzani, 2 kleine Zucchini
5 Knoblauchzehen
800 g Tomaten
Salz, Cayennepfeffer

Nährwerte pro Portion:

kcal	398
kJ	1669
EW/g	10
F/g	20
KH/g	44
Bal/g	14
Chol/mg	0

1 Gewaschene Melanzani und Zucchini in Scheiben schneiden und salzen.

2 Zwiebelringe und gehackte Knoblauchzehen in Öl anschwitzen, Hirse dazugeben, durchrühren, mit Gemüsesuppe aufgießen und zugedeckt ca. 25 Minuten dünsten.

3 Zucchini und Melanzani dazugeben und weitere 15 Minuten garen.

5 Tomaten enthäuten und würfeln, unterheben und mit Salz und Cayennepfeffer abschmecken.

Dieses Gericht kann man auch als Beilage zu einer Hauptspeise (z. B. Lammgericht) servieren.

GEMÜSESPAGHETTI

Nährwerte pro Portion:	
kcal	383
kJ	1603
EW/g	13
F/g	12
KH/g	54
Bal/g	12
Chol/mg	0,1

320 g Vollkorn-Spaghetti
100 g Champignons, 1 Zwiebel
je 1 kleine grüne und gelbe Zucchini
1 kleine Melanzani, 3 Knoblauchzehen
1/4 l passierte Tomaten, Basilikum
2 EL Olivenöl, 1 Gemüsesuppen-Brühwürfel
Cayennepfeffer, Salz, Pfeffer

1 Spaghetti al dente kochen.

2 Champignons putzen und in Stücke schneiden. Zucchini und Melanzani in kleine Würfel schneiden.

3 Zwiebel in Olivenöl anschwitzen, Knoblauch und Gemüse dazugeben, passierte Tomaten und Cayennepfeffer einrühren. Mit Salz, Pfeffer und Gemüsesuppen-Würfel würzen.
Ca. 10 Minuten schwach kochen lassen.

4 Spaghetti mit Gemüseragout vermengen und erwärmen.

5 Mit Basilikum bestreut servieren.

salada verde pomodori

GEMÜSESÜLZCHEN MIT OLIVENÖL-MARINADE

Nährwerte pro Portion:	
kcal	77
kJ	322
EW/g	4
F/g	4
KH/g	5
Bal/g	4
Chol/mg	0

60 g Karfiol, 60 g Lauch, 150 g Karotten (60 g als Einlage, Rest zum Auslegen der Form), 40 g Fisolen
100 g Lauchstange
60 g Austernpilze, Salz, Pfeffer
1/4 l klare Gemüsesuppe, 3–4 Blatt Gelatine, Salz, Pfeffer
1 EL Olivenöl, 1/8 l milder Balsamicoessig
1 TL Akazienhonig
gemischte Blattsalate zum Garnieren

1 Gemüse putzen, in Stücke schneiden und knackig kochen, teilweise in Streifen schneiden.

2 Austernpilze kurz sautieren und erkalten lassen.

3 In lauwarmer Gemüsesuppe eingeweichte Gelatine auflösen, mit Salz und Pfeffer abschmecken.

4 Lauchblätter und Karottenstreifen blanchieren und die Terrinenform damit so auslegen, dass die Blätter über den Terrinenrand hängen.

5 Gemüse und Austernpilze schichtweise in die Form geben, mit Suppe übergießen. Mit Karottenstreifen und Lauch einschlagen und die Sülze kaltstellen.

6 Balsamicoessig mit Olivenöl und Akazienhonig verrühren.

7 Terrine auf bunten Blattsalaten gefällig anrichten und mit Olivenölmarinade beträufeln.

PARADEISSULZ MIT SESAM-VINAIGRETTE

1/4 l Tomatensaft, Wacholder, Lorbeerblatt, Pfefferkörner
Thymian, Zitronenschale, 1 Blatt Gelatine
40 g Räuchertofu, 30 g Zucchini
40 g Hirse, 8 kleine Tomaten
Salz, Basilikum, Petersilie
2 EL Sonnenblumenöl, 30 g Sherryessig, 1 EL Sesam
100 g gemischte Blattsalate

Nährwerte pro Portion:

kcal	143
kJ	601
EW/g	5
F/g	8
KH/g	12
Bal/g	4
Chol/mg	0

1 Tomatensaft mit Gewürzen einkochen, Gewürze entfernen, eingeweichte Gelatine dazurühren und abkühlen lassen.

2 Tofu und Zucchini in Würfel schneiden, gekochte Hirse und Basilikum dazugeben und abschmecken.

3 Tomaten waschen und kurz blanchieren, Haut abziehen und aushöhlen. Das Tofu-Zucchini-Hirsegemisch einfüllen und 2–3 Stunden stocken lassen.

4 Aus Essig, Öl, gehackter Petersilie, Basilikum und dem trocken gerösteten Sesam eine Marinade herstellen (wenn notwendig, mit etwas Gemüsesuppe verlängern).

5 Die gemischten Blattsalate marinieren, auf Tellern anrichten, je zwei Tomaten darauf setzen und mit der Marinade beträufeln.

RÄUCHERLACHS-TATAR AUF VOLLKORNTOAST

Nährwerte pro Portion:

kcal	155
kJ	814
EW/g	18
F/g	8
KH/g	12
Bal/g	2
Chol/mg	30

320 g Räucherlachs
30 g weiße Zwiebeln
1 TL Dillspitzen
1 TL Olivenöl, Zitronensaft, weißer Pfeffer
4 Scheiben Vollkorn-Toastbrot
Dille, Zitrone

1 Räucherlachs hacken.

2 Zwiebeln und gehackte Dillspitzen, Olivenöl, Zitronensaft und weißen Pfeffer dazugeben und mit dem Lachs vermischen. Ca. 2 Stunden im Kühlschrank ziehen lassen.

3 Kleine Laibchen formen und auf getoastetes Vollkornbrot setzen. Mit Dille und Zitrone fein garnieren.

SCHWAMMERL-ERDÄPFELGRÖSTL

Nährwerte pro Portion:

kcal	197
kJ	824
EW/g	5
F/g	10
KH/g	21
Bal/g	5
Chol/mg	0

8 große Erdäpfel
200 g gemischte Schwammerln
2 Jungzwiebeln, 2 Knoblauchzehen
2 EL Distelöl
1/2 TL Kümmel, 1 EL Petersilie
Salz, Pfeffer

1 Erdäpfel waschen und kochen, schälen und blättrig schneiden.

2 Pilze putzen und blättrig schneiden.

3 Jungzwiebeln in Ringe schneiden und zusammen mit dem Knoblauch in einer beschichteten Pfanne mit Distelöl anschwitzen, blättrig geschnittene Erdäpfel und die Pilze dazugeben, kurz durchrösten und würzen.

Mit frischen Blattsalaten servieren.

SUPPEN

GEMÜSE-GRIESSNOCKERL-SUPPE

Zutaten für 20 Stück

Nährwerte pro Portion:	
kcal	174
kJ	727
EW/g	4
F/g	11
KH/g	15
Bal/g	3
Chol/mg	42

100 g Grieß, 1 Ei, 40 g Diätmargarine
Salz, etwas Muskat
je 30 g Karotten, gelbe Rüben, Sellerie, Petersilwurzel
0,8 l klare Gemüsesuppe

1 Gemüse klein würfelig schneiden und kochen. Diätmargarine schaumig rühren, Ei langsam in die Margarine einrühren, Grieß, Gewürze und gekochte Gemüsewürferl untermengen.

2 Etwas rasten lassen, Nockerln formen und in kochendes Salzwasser oder Suppe einlegen.

3 Ca. 3 Minuten kochen lassen, mit kaltem Wasser abschrecken und 10 Minuten zugedeckt ziehen lassen.

4 In der heißen Suppe servieren.

GRATINIERTE ZWIEBELSUPPE

Nährwerte pro Portion:	
kcal	195
kJ	816
EW/g	7
F/g	11
KH/g	17
Bal/g	4
Chol/mg	8

400 g Zwiebeln
1 EL Sonnenblumenöl
1/2 l klare Gemüsesuppe
Salz, Pfeffer, frischer Thymian
4 Scheiben Vollkorn-Toastbrot
40 g Parmesan

1 Zwiebeln in Sonnenblumenöl goldbraun anrösten und mit Suppe aufgießen, würzen. Ca. 25–30 Minuten langsam kochen.

2 Vollkorn-Toastbrot goldgelb toasten.

3 Die Suppe in Suppentassen aufteilen, Toast darauf legen, mit frisch geriebenem Parmesan bestreuen und im vorgeheizten Rohr bei 200 °C überbacken.

KLARE GEMÜSESUPPE MIT CAMEMBERTKNÖDERL

Zutaten für 6 Portionen

1,5 l klare Gemüsesuppe
20 g Diätmargarine, 1 Eidotter
125 g Magertopfen
50 g Camembert, 20 g Parmesan
10 g Grieß, 15 g Mehl
Schnittlauch, Petersilie, Salz, Pfeffer, Muskat

Nährwerte pro Portion:

kcal	143
kJ	599
EW/g	7
F/g	10
KH/g	5
Bal/g	1
Chol/mg	48

1 Diätmargarine mit Dotter schaumig rühren, Topfen beigeben.

2 Würfelig geschnittenen Camembert und geriebenen Parmesan dazugeben und vermischen.

3 Mehl, Grieß und Kräuter unterheben und mit Gewürzen abschmecken.

4 Die Masse 1 Stunde im Kühlschrank rasten lassen, Knöderl formen und in der Gemüsesuppe langsam pochieren.

KLARE GEMÜSESUPPE MIT VOLLKORN-FRITATTEN

Zutaten für 6 Portionen

Nährwerte pro Portion:	
kcal	128
kJ	536
EW/g	4
F/g	9
KH/g	7
Bal/g	2
Chol/mg	38

50 g Magermilch, 75 g Gemüsefond, 1 Ei
25 g Weizenvollkornmehl, 25 g Weizenmehl
Salz, Pfeffer, Muskat, Petersilie, Kräutersalz
10 g Diätmargarine
150 g Blattspinat, Knoblauch, Salz, Pfeffer, Muskat
15 g Edamer (35 % F.i.Tr.)
1,5 l klare Gemüsesuppe

1 Milch, Gemüsefond, Ei und Mehl im Mixbecher mit Salz, Pfeffer, Muskat, Petersilie und Kräutersalz mixen. Kurz rasten lassen.

2 In einer beschichteten Pfanne dünne Palatschinken backen.

3 Blattspinat blanchieren, überkühlen und hacken. Mit Knoblauch, Salz, Pfeffer und Muskat würzen.

4 Spinatfülle auf Palatschinken streichen und einrollen.

5 Mit Käse bestreuen und im Backrohr bei 200 °C überbacken.

6 Danach kleine Röllchen herunterschneiden und in der Suppe servieren.

KLARE RINDSUPPE MIT GEMÜSESCHNITTEN

Zutaten für 6 Portionen

2 Grahamweckerln, 125 g Magermilch
25 g Diätmargarine, 1 Eidotter
je 20 g Karotten und Gelbe Rüben
20 g Lauch, Knoblauch
1 TL Sonnenblumenöl, 35 g Spinat, 1 Eiklar
Salz, Pfeffer, Muskat, Petersilie, Thymian
1,2 l entfettete klare Rindsuppe

Nährwerte pro Portion:	
kcal	117
kJ	491
EW/g	9
F/g	6
KH/g	6
Bal/g	1
Chol/mg	58

1 Grahamweckerln in feine Scheiben schneiden und mit erwärmter Milch übergießen – erkalten lassen.

2 Margarine und Dotter schaumig rühren.

3 Karotten und Gelbe Rüben klein würfelig schneiden und zusammen mit dem Lauch und dem Knoblauch in Sonnenblumenöl anschwitzen, dann weich dünsten.

4 Spinat kurz überkochen – erkalten lassen und ausdrücken, anschließend grob hacken.

5 Eiklar zu Schnee schlagen.

6 Alle Zutaten mischen und mit den Gewürzen abschmecken, auf Backpapier aufstreichen und im Rohr backen.

7 In gefällige Schnitten schneiden und in Suppe servieren.

KLARE RINDSUPPE MIT TOPFENSCHÖBERL

Zutaten für 8 Portionen

Nährwerte pro Portion:	
kcal	72
kJ	301
EW/g	9
F/g	2
KH/g	6
Bal/g	1
Chol/mg	43

1 Eidotter, 2 Eiklar
50 g Dinkelmehl, Backpulver
125 g Magertopfen
Salz, Pfeffer, Muskat
1,5 l entfettete Rindsuppe
Schnittlauch

1 Eiklar mit Salz, Pfeffer und Muskat zu Schnee schlagen.

2 Dotter und Topfen dazurühren.

3 Mehl mit Backpulver vermischen und vorsichtig unterheben, bei 180 °C im Rohr backen, erkalten lassen und schneiden.

4 In Suppenteller legen und mit Rindsuppe auffüllen, mit frischem Schnittlauch bestreuen.

CHAMPIGNON-CREMESUPPE

50 g Zwiebeln
200 g Champignons
20 g Diätmargarine, 20 g Weizenvollkornmehl
3/4 l klare Gemüsesuppe, 1/8 l Sauerrahm, 1/8 l Kaffeeobers
Salz, Pfeffer, Knoblauch
100 g Champignons (als Einlage)
1 TL Petersilie, Zitronensaft

Nährwerte pro Portion:

kcal	176
kJ	738
EW/g	5
F/g	14
KH/g	8
Bal/g	3
Chol/mg	24

1 Gehackte Zwiebeln und Champignons in Diätmargarine anschwitzen, Mehl untermengen, kurz durchrösten und mit Gemüsesuppe aufgießen.

2 Sauerrahm und Kaffeeobers verrühren und in die Suppe geben, kurz aufkochen, aufmixen und mit Gewürzen abschmecken.

3 Restliche Champignons putzen und blättrig schneiden, kurz anrösten.

4 Champignons und Petersilie in die Suppe geben, etwas durchziehen lassen. Mit wenig Zitronensaft verfeinern und in Suppentassen anrichten.

Geröstete Vollkorncroutons als Garnitur reichen.

CREMESUPPE VOM STANGENSELLERIE

Nährwerte pro Portion:	
kcal	116
kJ	483
EW/g	5
F/g	8
KH/g	6
Bal/g	2
Chol/mg	8

20 g Diätmargarine
30 g Schalotten, 200 g Stangensellerie
50 g Erdäpfel
600 ml klare Gemüsesuppe
150 g Joghurt (1 %), 1 EL Sauerrahm
4 Blatt Schinken, 1 Scheibe Vollkornbrot
1 Lorbeerblatt, Pfefferkörner, Kräuter, Salz

1 Stangensellerie schälen und die Fäden ziehen, in Würfel schneiden. Erdäpfel schälen und gleich groß schneiden.

2 Alles mit den fein gehackten Schalotten in Diätmargarine anschwitzen und mit Gemüsesuppe aufgießen, Gewürze beigeben und weich kochen.

3 Joghurt und Sauerrahm versprudeln und in die Suppe geben. Nochmals aufkochen lassen und aufmixen.

4 Den Schinken in Streifen schneiden, das Vollkornbrot entrinden, in Würfel schneiden und im Rohr bähen.

5 Die Suppe in die vorgewärmten Teller gießen und mit Schinkenstreifen und Vollkornbrotwürfeln servieren.

ERDÄPFEL-KAROTTEN-SUPPE MIT PILZEN

10 g Diätmargarine, 250 g Erdäpfel, 40 g Jungzwiebeln
1/2 l klare Gemüsesuppe, 150 g Buttermilch
Knoblauch, Lorbeerblatt, Pfefferkörner
100 g Karotten
etwas klare Gemüsesuppe oder Wasser
100 g Pilze nach Saison, Petersilie
Salz, Muskat, Majoran und Kümmel

Nährwerte pro Portion:

kcal	111
kJ	465
EW/g	4
F/g	5
KH/g	13
Bal/g	4
Chol/mg	1

1 Zwiebeln und Erdäpfel klein schneiden und in Diätmargarine anschwitzen, mit Gemüsesuppe und Buttermilch aufgießen; Gewürze dazugeben und langsam weich kochen – mixen und abschmecken.

2 Karotten schälen und in Scheiben schneiden, kochen und in den Suppentellern als Einlage aufteilen – den Rest pürieren und abschmecken.

3 Die geputzten Pilze mit gehackter Petersilie in etwas Diätmargarine anschwitzen.

4 Erdäpfelsuppe mit dem Stabmixer aufschäumen und in die vorgewärmten Suppenteller eingießen – mit einem Esslöffel Karottenpüree reinziehen (man kann mit einem Spieß noch ein Muster ziehen).

5 Zum Schluss die Pilze in die Suppe geben und mit gehackter Petersilie bestreuen.

FEINE MANGOLD-CREMESUPPE

Nährwerte pro Portion:	
kcal	105
kJ	439
EW/g	3
F/g	6
KH/g	9
Bal/g	3
Chol/mg	3

250 g Mangold
40 g Petersilwurzel, 40 g Sellerie, 40 g Lauch
1 EL Olivenöl
600 ml klare Gemüsesuppe
etwas Knoblauch, Kräutersalz, Muskat, Petersilie
20 g Dinkelmehl
80 g Acidophilusmilch

1 Mangoldblätter putzen und waschen, entstielen.

2 Die Stiele mit geschnittener Petersilwurzel, Sellerie und Lauch in Olivenöl anschwitzen, mit Gemüsesuppe aufgießen und würzen.

3 Dinkelmehl mit Acidophilusmilch versprudeln und in die Suppe einrühren.

4 Blättrig geschnittene Mangoldblätter einkochen, Suppe aufmixen und abschmecken.

Man kann auch ca. 40 g der Mangoldblätter zurückbehalten und in Streifen schneiden, kurz dünsten und als Einlage verwenden.

FENCHELCREMESUPPE MIT VOLLKORNCROUTONS

300 g Fenchel
20 g Diätmargarine
1 KL Pernod, 3/4 l klare Gemüsesuppe
1 TL Liebstöckl
200 g Acidophilusmilch
Salz, Muskat, etwas gehacktes Fenchelgrün
2 Scheiben Vollkorn-Toastbrot

Nährwerte pro Portion:

kcal	149
kJ	624
EW/g	5
F/g	10
KH/g	11
Bal/g	5
Chol/mg	7

1 Fenchel in feine Würfel schneiden, in Diätmargarine glasig anschwitzen, mit Pernod und Hühnersuppe aufgießen und mit Acidophilusmilch aufmixen.

2 Nochmals kurz aufkochen, Liebstöckl sowie Gewürze dazugeben und abschmecken.

3 Vollkorntoast in kleine Würfel schneiden und im Rohr bähen.

4 Fenchelsuppe auf vorgewärmten Tellern anrichten, mit Vollkorncroutons und etwas gehacktem Fenchelgrün bestreuen.

FEURIGE GULASCHSUPPE

Nährwerte pro Portion:		Zutaten
kcal	245	**200 g Rindfleisch (mageres Schulterscherzl)**
kJ	1027	**200 g Erdäpfel, 200 g Zwiebeln**
EW/g	16	**2 EL Sonnenblumenöl, 30 g Paprikapulver (edelsüß)**
F/g	11	**1,25 l entfettete Rindsuppe**
KH/g	20	**1 KL Tomatenmark, 1 Knoblauchzehe**
Bal/g	5	**1 grüner Pfefferoni**
Chol/mg	35	**Majoran, gemahlener Kümmel, Salz**
		30 g Weizenvollkornmehl

1 Rindfleisch und Erdäpfel in ca. 1 cm große Stücke schneiden.

2 Sonnenblumenöl erhitzen und gehackte Zwiebeln goldbraun rösten, Fleisch dazugeben, Paprikapulver einrühren, Tomatenmark beigeben und mit Rindsuppe aufgießen.

3 Gewürze beimengen und ca. 35–40 Minuten leicht köcheln.

4 Erdäpfel und fein geschnittenen Pfefferoni dazugeben und nochmals köcheln, bis sie weich sind.

5 Vollkornmehl mit etwas Wasser anrühren und in die Suppe einrühren, 5 Minuten köcheln lassen.

Als Beilage reichen Sie ein frisches Bauernbrot.

GRÜNE SPARGELCREMESUPPE

250 g Grüner Spargel
100 g Zuckererbsen, 30 g Zwiebeln
20 g Diätmargarine, flüssiger Süßstoff, Muskat, Salz
3/4 l klare Gemüsesuppe, 3–4 EL Acidophilusmilch
100 g kleine junge Zuckererbsen, Spargelspitzen
1 EL gehackter Kerbel
10 fein geschnittene Minzblätter

Nährwerte pro Portion:	
kcal	110
kJ	461
EW/g	3
F/g	8
KH/g	6
Bal/g	3
Chol/mg	3

1 Geschälten, gekochten Spargel in Stücke schneiden, mit gekochten Erbsen und gehackten Zwiebeln in Diätmargarine anschwitzen. Mit Salz, Süßstoff und Muskat würzen, mit Gemüsesuppe und Acidophilusmilch aufgießen, 2 Minuten kochen lassen und danach fein mixen.

2 Zuckererbsen und Spargelspitzen kochen, in tiefe Suppenteller einlegen, mit Suppe aufgießen und mit Minze und Kerbel dekorieren.

KÄSE-KNOBLAUCH-SUPPE

Nährwerte pro Portion:		
kcal	205	**30 g Zwiebeln, 2 Knoblauchzehen**
kJ	860	**20 g Diätmargarine**
EW/g	10	**20 g Dinkelmehl**
F/g	16	**3/4 l klare Gemüsesuppe**
KH/g	8	**Kräutersalz, Pfeffer aus der Mühle, 1 Lorbeerblatt**
Bal/g	2	**60 g Vorarlberger Bergkäse**
Chol/mg	14	**1/8 l Joghurt (1 %), 1 EL Sauerrahm**
		gehackte Kräuter, 20 g Sonnenblumenkerne

1 Gehackte Zwiebeln und Knoblauch in Diätmargarine anschwitzen. Mit Dinkelmehl stauben und mit Gemüsesuppe aufgießen, mit Lorbeerblatt, Kräutersalz und Pfeffer würzen und aufkochen lassen, den geriebenen Käse dazugeben und ca. 10 Minuten köcheln lassen.

2 Sauerrahm und Joghurt sowie die Hälfte der gehackten Kräuter mit einem Stabmixer in die Suppe einrühren, abschmecken.

3 Sonnenblumenkerne ohne Fett in einer Pfanne schwenken und etwas salzen.

4 Suppe aufschäumen, in Suppentellern anrichten – mit den restlichen Kräutern und den Sonnenblumenkernen vollenden.

LÄNDLICHE GEMÜSESUPPE

Nährwerte pro Portion:	
kcal	125
kJ	525
EW/g	3
F/g	9
KH/g	8
Bal/g	3
Chol/mg	6

1 EL Diätmargarine
je 40 g Karotten und Petersilwurzel, Karfiolröschen, Erdäpfel, Kohlrüben, Gelbe Rüben, Sellerie, kleine Zwiebeln und Lauch
1,5 l klare Gemüsesuppe, 2 Lorbeerblätter, Salz, Pfeffer
100 g Joghurt, 100 g Sauerrahm
30 g Weizenvollkornmehl
Knoblauch, frischer Majoran, Petersilie

1 Zwiebeln und Lauch schneiden, in Diätmargarine anschwitzen und alle in kleine Stücke geschnittenen Gemüse dazugeben.

2 Mit Gemüsesuppe aufgießen, Lorbeerblätter dazugeben, salzen, pfeffern und leicht köcheln.

3 Joghurt und Rahm mit Mehl versprudeln, in die Suppe einkochen und abbinden.

4 Mit Knoblauch und gehackten Kräutern abschmecken.

MINESTRONE MILANESE

80 g Zwiebeln, 40 g magerer Schinken
20 g Sonnenblumenöl, 3/4 l klare Gemüsesuppe
je 50 g Karotten, Sellerie, Lauch, weiße Rüben und Kohl
40 g Naturreis
40 g Vollkornspaghetti
40 g Tomatenmark, Salz, Pfeffer, Knoblauch, Kräuter

Nährwerte pro Portion:	
kcal	188
kJ	788
EW/g	7
F/g	9
KH/g	19
Bal/g	5
Chol/mg	6

1 Zwiebeln und Schinken klein schneiden und in Sonnenblumenöl anrösten, Tomatenmark dazugeben und mit Suppe auffüllen.

2 Gemüse in Scheiben schneiden, langsam mitkochen, gekochten Reis und Spaghetti dazufügen, weich kochen, würzen und servieren.

STEIRISCHE KÜRBISCREMESUPPE

Nährwerte pro Portion:	
kcal	246
kJ	1030
EW/g	5
F/g	19
KH/g	13
Bal/g	2
Chol/mg	15

400 g Kürbisfleisch, 1 EL Diätmargarine, 50 g Zwiebeln
20 g Mehl, 0,6 l entfettete Rindsuppe
1/8 l Joghurt (1 %), 1/8 l Sauerrahm
Prise Zucker, Salz, weißer Pfeffer
1 Msp. gemahlener Kümmel
2 EL Kaffeeobers, 1 EL Weinessig, 1 EL Kürbiskernöl
1 Bd. Schnittlauch

1 Kürbisfleisch klein schneiden.

2 Zwiebeln in Diätmargarine anschwitzen, Kürbis dazugeben, mit Mehl stauben, gut durchrühren.

3 Mit Rindsuppe und einem Gemisch aus Joghurt und Sauerrahm aufgießen. Aufkochen lassen, eine Prise Zucker dazugeben.

4 Sobald der Kürbis weich ist, mit einem Pürierstab fein mixen und passieren.

5 Mit Gewürzen, Kaffeeobers und Weinessig abschmecken. Auf Suppenteller anrichten und mit ein paar Tropfen Kürbiskernöl beträufeln. Mit frischem Schnittlauch bestreuen.

TOMATENCREMESUPPE MIT FRISCHEN KRÄUTERN

Nährwerte pro Portion:	
kcal	113
kJ	473
EW/g	3
F/g	7
KH/g	8
Bal/g	3
Chol/mg	0

800 g Tomaten, 50 g gehackte Zwiebeln
1 EL Olivenöl
300 ml Tomatensaft
700 ml klare Gemüsesuppe
Salz, Pfeffer, Knoblauch
Wacholderbeeren, Pfefferkörner, Lorbeerblätter
frische Kräuter (Thymian, Majoran, Kerbel, Basilikum, Salbei, Estragon, Kresse ...)

1 Tomaten waschen und vierteln.

2 Zwiebeln und Tomaten in Olivenöl anschwitzen, mit Tomatensaft und Gemüsesuppe aufgießen, Gewürze dazugeben und leicht einkochen lassen.

3 Passieren und, wenn notwendig, nachwürzen.

4 Mit frischen, gehackten Kräutern bestreuen und servieren.

Als Einlage empfehlen wir Camembertknöderl (Rezept Seite 75).

WEIZENSCHROTSUPPE MIT PINIENKERNEN

20 g Diätmargarine, 40 g Schalotten
je 40 g Petersilwurzel, Kohlrabi, Karotten und Sellerie
1 l klare Gemüsesuppe, Kräutersalz, Pfeffer aus der Mühle
1 Lorbeerblatt, Knoblauch
1/8 l Joghurt (1 %), 1 EL Sauerrahm
30 g Weizen
15 g Pinienkerne, gehackte Petersilie

Nährwerte pro Portion:

kcal	153
kJ	642
EW/g	5
F/g	13
KH/g	5
Bal/g	3
Chol/mg	2

1 In Würfel geschnittenes Gemüse mit den gehackten Schalotten in Diätmargarine anschwitzen und mit Gemüsesuppe aufgießen. Lorbeerblatt, Knoblauch, Pfeffer und Salz dazugeben und aufkochen lassen.

2 Joghurt mit Sauerrahm und frisch geschrotetem Weizen verrühren, in die leicht kochende Suppe einrühren und kurz aufkochen lassen.

3 Zum Schluss nochmals abschmecken und mit im Rohr gerösteten Pinienkernen und gehackter Petersilie servieren.

WIENER ERDÄPFELSUPPE

Nährwerte pro Portion:

kcal	144
kJ	604
EW/g	3
F/g	9
KH/g	10
Bal/g	3
Chol/mg	7

50 g Stangensellerie, 120 g Erdäpfel, Knoblauch
10 g Sonnenblumenöl, 50 g trockener Weißwein
Lorbeer, Salz, Pfeffer, Muskat, Kräutersalz, Kümmel
Hesperidenessig, 600 ml klare Gemüsesuppe
1/16 l Joghurt (1 %), 1/16 l Sauerrahm
80 g Eierschwammerln, 80 g Erdäpfel, 1 TL Sonnenblumenöl
100 ml klare Gemüsesuppe, Majoran, Petersilie

1 Stangensellerie und Erdäpfel klein schneiden und mit Knoblauch in Öl anschwitzen, mit Wein ablöschen und einkochen. Mit Gemüsesuppe auffüllen, Gewürze dazugeben und einkochen.

2 Suppe mit Sauerrahm und Joghurt mixen bzw. pürieren.

3 Während die Suppe kocht, die Eierschwammerln in Fett kurz anrösten; die restlichen Erdäpfel würfelig schneiden, anschwitzen und mit Gemüsesuppe weich dünsten.

4 Die Eierschwammerln und die Erdäpfelwürfel in die fertige Suppe geben und mit frischem Majoran und Petersilie bestreuen.

HAUPT-SPEISEN

FASCHIERTE KALBSBUTTERLAIBCHEN

Nährwerte pro Portion:	
kcal	285
kJ	1195
EW/g	32
F/g	12
KH/g	13
Bal/g	4
Chol/mg	148

500 g mageres, faschiertes Kalbfleisch
2 Scheiben Vollkorn-Toastbrot, 1 Ei
1/16 l Kaffeeobers, Salz, Muskat, 1 EL Petersilie
20 g Diätmargarine, 100 ml Kalbsfond
je 100 g Babykarotten, Kohlrüben, Broccoliröschen und junge Erbsen

1 Toastbrot in Wasser einweichen und ausdrücken. Mit Ei, Kaffeeobers, Petersilie und Gewürzen zum faschierten Kalbfleisch geben und gut durchmischen.

2 Kleine Laibchen formen und in beschichteter Pfanne mit wenig Diätmargarine braten. Die Laibchen aus der Pfanne geben, Bratenrückstand mit braunem Kalbsfond oder Suppe ablöschen und einkochen.

3 Gemüse putzen und waschen. In gefällige Stücke schneiden und in Gemüsesuppe kochen.

4 Die Laibchen auf Tellern mit dem bunten Gemüse gefällig anrichten.

Als Beilagen empfehlen wir Erdäpfelpüree oder gedünsteten Reis.

FEINES KALBSRAGOUT MIT BUNTEM GEMÜSE

Nährwerte pro Portion:

kcal	239
kJ	1001
EW/g	26
F/g	9
KH/g	13
Bal/g	6
Chol/mg	76

400 g Kalbfleisch (Nuss oder Schulter)
400 g Wurzelgemüse (Karotten, Gelbe Rüben, Petersilwurzel, Sellerie), Pfefferkörner, Lorbeerblatt, Thymian
1 Knoblauchzehe, 50 g junge Zuckererbsen
200 g zarte Broccoliröschen, 50 g Champignons
20 g Diätmargarine, 20 g Weizenvollkornmehl
1/16 l Joghurt (1 %), 1/16 l Kaffeeobers
Salz, weißer Pfeffer, Zitronensaft, Muskat, 1 EL Petersilie

1 Würfelig geschnittenes Fleisch in eine Kasserolle geben und mit kaltem Wasser abdecken, geschältes und geputztes Wurzelwerk mit Gewürzen beigeben und zugedeckt köcheln, bis das Gemüse weich ist.

2 Gemüse in 1 cm große Würfel schneiden; Fleisch in der Zwischenzeit weich kochen und anschließend aus dem Sud nehmen.

3 Broccoliröschen, Erbsen, geviertelte Champignons im Sud weich kochen und anschließend abseihen.

4 Mehl in Diätmargarine anschwitzen, mit dem Sud aufgießen und gut verrühren. Eine Mischung aus Kaffeeobers und Joghurt dazugeben, durchkochen, mixen, Fleisch und Gemüse in die Sauce geben, mit Gewürzen abschmecken und mit gehackter Petersilie bestreuen.

Als Beilage empfehlen wir gedünsteten Reis.

GEFÜLLTE KALBSBRUST

Zutaten für 6 Portionen

1 kg Kalbsbrust (mager), 100 g Vollkorn-Toastbrot
1/8 l Magermilch, 20 g Diätmargarine
1 EL Semmelbrösel, 1 EL Petersilie und Schnittlauch
100 g Karotten-, Selleriewürfel und Erbsen
1 Eiklar, Salz, Pfeffer

Nährwerte pro Portion:

kcal	305
kJ	1277
EW/g	34
F/g	14
KH/g	11
Bal/g	2
Chol/mg	122

1 Kalbsbrust würzen. Aus Vollkorntoast, Semmelbrösel und Milch eine Fülle zubereiten, würzen und Kräuter und Gemüse beimischen.

2 Das Eiklar zu Schnee schlagen und unter die Masse heben.

3 In die Brust füllen und den Braten in eine Kasserolle mit wenig Diätmargarine geben. Im vorgeheizten Rohr unter oftmaligem Übergießen langsam braten, bei Bedarf etwas Wasser angießen.

3 Bratenrückstand entfetten.

Als Beilage empfehlen wir einen gedünsteten Reis oder Petersilerdäpfel sowie einen Radicchio-Rucola-Frisee-Salat.

KALBSGULASCH NACH WIENER ART

Nährwerte pro Portion:	
kcal	306
kJ	1282
EW/g	28
F/g	17
KH/g	10
Bal/g	3
Chol/mg	93

500 g magere Kalbsschulter oder Kalbsvögerl
150 g Zwiebeln
2 EL Sonnenblumenöl
30 g Paprikapulver (edelsüß)
300 ml Wasser, Saft und Schale einer Zitrone, Salz, Pfeffer
1/16 l Sauerrahm, 1/16 l Joghurt (1 %)
30 g Weizenvollkornmehl

1 Gehackte Zwiebeln in Sonnenblumenöl hellbraun rösten, Paprikapulver beigeben, 4 cm große Kalbfleischwürfel dazugeben und schnell durchrühren.

2 Mit kaltem Wasser ablöschen, salzen, pfeffern, Zitronenschale und Zitronensaft dazugeben und das Fleisch kernig weich dünsten.

3 Fleisch aus dem Saft heben, Sauerrahm, Joghurt und Mehl gut verrühren und in den kochenden Saft zügig einrühren. Einige Minuten kochen lassen, würzen und mixen.

4 Fleisch in den Saft geben und kurz aufkochen.

Als Beilage empfehlen wir Teigwaren oder Nockerln und eine Schüssel knackigen Häuptelsalat.

NATURREIS-FLEISCH MIT GEMÜSE

320 g Fleisch (Kalbsschulter), 50 g Zwiebeln
1 EL Sonnenblumenöl, 1 EL Tomatenmark
1 gehäufter EL Paprikapulver, 1,5 l klare Gemüsesuppe
Lorbeerblätter, Kräutersalz, Pfeffer, 1 Knoblauchzehe
400 g Naturreis, je 80 g Karotten, Kohlrabi, Broccoliröschen, rote und gelbe Paprikaschoten, 40 g Parmesan

Nährwerte pro Portion:

kcal	650
kJ	2724
EW/g	30
F/g	21
KH/g	85
Bal/g	8
Chol/mg	64

1 Zwiebeln hacken und in Öl goldgelb rösten, würfelig geschnittenes Fleisch dazugeben und weiterrösten. Tomatenmark, Paprikapulver, etwas Gemüsesuppe und die Gewürze beifügen und durchrühren. Fleisch halb weich dünsten (immer Suppe nachgießen).

2 Anschließend Reis dazugeben und mit restlicher Suppe aufgießen, langsam kochen, bis der Reis weich ist.

3 Das Gemüse sortengetrennt bissfest kochen und unter das Reisfleisch mischen – abschmecken.

4 Vor dem Servieren mit frisch geriebenem Parmesan bestreuen.

Statt Kalbsschulter kann man für dieses Gericht auch Truthahn- oder Hühnerbrust verwenden. Als Beilage empfehlen wir gemischte Blatt- und Gemüsesalate.

GEFÜLLTE PAPRIKA IN TOMATENSAUCE

Nährwerte pro Portion:	
kcal	406
kJ	1698
EW/g	36
F/g	15
KH/g	30
Bal/g	8
Chol/mg	76

je 4 grüne und gelbe Paprikaschoten, 100 g Vollkorn-Toastbrot
1/8 l Magermilch, 250 g mageres Rindfleisch, 250 g Putenfleisch
250 g gedünsteter Naturreis, 50 g Zwiebeln, 1 EL Sonnenblumenöl
1 EL Petersilie, 1 TL Majoran, 2 Knoblauchzehen, Salz, Pfeffer
700 g Fleischtomaten, 80 g Zwiebeln, 20 g glattes Mehl
20 g Diätmargarine, 1/4 l klare Gemüsesuppe
1 Lorbeerblatt, Pfefferkörner, Salz, Zucker, 2 EL Tomatenmark

1 Die Paprikaschoten waschen und putzen.

2 Toastbrot in Milch einweichen und gut ausdrücken.

3 Faschiertes Rind- und Putenfleisch mit gedünstetem Naturreis und eingeweichtem Toastbrot abmengen; Zwiebeln in Sonnenblumenöl goldgelb rösten, Gewürze und Kräuter dazugeben und alles gut abmischen. In die ausgehöhlten und abgekappten Paprikaschoten einfüllen und die Kappe aufsetzen.

4 Für die Sauce die Tomaten waschen, vierteln. Zwiebeln fein hacken und in Diätmargarine anschwitzen, Tomaten dazugeben, anlaufen lassen, Mehl dazugeben. Mit Suppe aufgießen und glatt rühren. Tomatenmark und Gewürze dazugeben und weich dünsten. Durch ein Sieb streichen und abschmecken.

5 Die Sauce in eine Kasserolle füllen, gefüllte Paprika einlegen und zugedeckt ca. 30–35 Minuten dünsten.

Als Beilage empfehlen wir frisch gekochte Erdäpfel.

GEKOCHTES WEISSES SCHERZEL

Nährwerte pro Portion:

kcal	267
kJ	1118
EW/g	28
F/g	10
KH/g	15
Bal/g	5
Chol/mg	75

500 g Weißes Scherzel, 2 Bd. Suppengemüse
Salz, Pfefferkörner weiß und schwarz, Lorbeerblatt
10 g Diätmargarine
80 g Zwiebeln, 10 g Knoblauch
50 g Tomatenmark, 20 g Kristallzucker
400 g Weißkraut, 100 g Fleischtomaten
1/4 l klare Gemüsesuppe

1 Weißes Scherzel mit dem Suppengemüse und den Gewürzen kochen.

2 Für das Paradeiskraut Zwiebeln und Knoblauch fein hacken, in Diätmargarine anschwitzen, fein geschnittenes Kraut dazugeben und mitrösten.

3 Enthäutete, entkernte Tomaten klein würfelig schneiden und mit Tomatenmark dem Kraut beifügen. Zucker und Gewürze dazugeben und mit Gemüsesuppe weich dünsten.

Als Beilage passen sehr gut Rösterdäpfel.

PIKANTE RINDSROULADEN

Nährwerte pro Portion:	
kcal	277
kJ	1159
EW/g	32
F/g	10
KH/g	14
Bal/g	4
Chol/mg	98

4 Rindsschnitzel (Schale) á 120 g, Salz, Pfeffer, Estragonsenf
je 50 g Karotten, Gelbe Rüben, Sellerie, Essiggurkerl, magerer Schinken, 1 Zwiebel, 2 EL Sonnenblumenöl
50 g Zwiebeln, 30 g Weizenvollkornmehl
400 ml entfettete Rindsuppe oder Wasser, 2 EL Kapern
1/16 l Sauerrahm, 1/16 l Joghurt (1 %)
Estragonsenf, Salz, Pfeffer aus der Mühle

1 Rindsschnitzel klopfen, salzen, pfeffern und mit Senf bestreichen.

2 Karotten, Gelbe Rüben, Sellerie, Essiggurkerl, Schinken in Streifen und Zwiebel in Viertelstücke schneiden. Alles auf die Rindsschnitzel legen, einrollen und mit Zahnstocher fixieren.

3 Rouladen mit Mehl bestauben und in heißem Sonnenblumenöl beidseitig braun anbraten. Aus der Kasserolle nehmen.

4 Nudelig geschnittene Zwiebeln hell anrösten, Mehl dazugeben und mitrösten. Mit Suppe aufgießen, glatt rühren. Rouladen sowie gehackte Kapern dazugeben und zugedeckt am Herd oder im Schnellkochtopf dünsten.

5 Rouladen aus der Sauce heben. Sauerrahm und Joghurt versprudeln und in die Sauce einrühren. Kurz aufkochen, mit Senf, Salz und Pfeffer aus der Mühle abschmecken. Rouladen in die fertige Sauce geben und kurz erwärmen.

Als Beilagen eignen sich Teigwaren und ein knackiger Eisbergsalat.

WIENER ZWIEBELROSTBRATEN

480 g Rostbraten (Beiried)
Salz, Pfeffer, Senf
200 g Zwiebeln
2 EL Sonnenblumenöl
1/2 l entfettete Rindsuppe

Nährwerte pro Portion:

kcal	266
kJ	1115
EW/g	26
F/g	17
KH/g	3
Bal/g	1
Chol/mg	72

1 Beiried in 4 Scheiben schneiden, klopfen, salzen, pfeffern und beidseitig mit Senf bestreichen.

2 Zwiebeln in feine Streifen schneiden. Sonnenblumenöl erhitzen und Fleisch beidseitig anbraten. Aus der Pfanne nehmen und im restlichen Fett Zwiebeln bräunen. Mit Rindsuppe aufgießen, Fleisch beigeben und weich dünsten.

Als Beilage empfehlen wir fettlose Braterdäpfel mit Kümmel bestreut und einen gemischten Blattsalat.

GEBRATENE SCHWEINSMEDAILLONS

Nährwerte pro Portion:	
kcal	218
kJ	912
EW/g	19
F/g	7
KH/g	18
Bal/g	4
Chol/mg	56

320 g Schweinsmedaillons
je 5 getrocknete Marillen und Zwetschken
4 Jungzwiebeln mit Grün
Ingwer, Orangen- und Zitronensaft, Honig
1 EL Olivenöl
1/2 TL Maisstärke, Salz, Pfeffer
etwas Wasser

1 Medaillons salzen und pfeffern; in einer beschichteten Pfanne mit Olivenöl beidseitig braten.

2 Die Dörrfrüchte klein schneiden und in einer Pfanne mit Honig und etwas Wasser zugedeckt köcheln, Orangen- und Zitronensaft dazugeben, Pfeffer und frisch geriebenen Ingwer dazugeben. Den Saft mit etwas Stärkemehl binden.

3 Jungzwiebeln in Salzwasser kurz blanchieren und zu der Dörrfrüchtesauce geben.

4 Die gebratenen Medaillons auf vorgewärmte Teller geben, mit Sauce und Jungzwiebeln anrichten.

Als Beilage empfehlen wir Basmatireis oder eine Wildreismischung.

ZARTES JUNGSCHWEINS-KARREE, GEBRATEN

500 g mageres Jungschweinskarree
Knoblauch, Salz, Pfeffer, Wasser
600 g Weißkraut
80 g magerer Schinken
1/4 l klare Gemüsesuppe
3 EL Apfelessig, 1 EL Sonnenblumenöl, Salz, 1 KL Kümmel

Nährwerte pro Portion:	
kcal	296
kJ	1239
EW/g	34
F/g	14
KH/g	8
Bal/g	5
Chol/mg	87

1 Ausgelöstes Jungschweinskarree salzen, pfeffern und mit Knoblauch einreiben.

2 Im vorgeheizten Backrohr bei 200 °C ca. 40 Minuten braten. Regelmäßig mit Bratensaft übergießen.

3 Das fein gehobelte Kraut salzen. Suppe mit Kümmel versetzen, Essig dazugeben und aufkochen. Das Kraut untermengen, kräftig durchkochen lassen, überschüssige Flüssigkeit abschütten.

4 Schinken klein würfelig schneiden, in der Pfanne kurz mit Sonnenblumenöl anrösten und über den Salat geben.

Als Beilage eignen sich Vollkorn-Serviettenknödel.

ERDÄPFELGULASCH

Nährwerte pro Portion:	
kcal	474
kJ	1985
EW/g	20
F/g	24
KH/g	44
Bal/g	10
Chol/mg	51

500 g festkochende Erdäpfel, 4 Zwiebeln
1 EL Sonnenblumenöl, 1 EL Kristallzucker, 2–3 Knoblauchzehen
5 EL Paprikapulver
1/2 l entfettete Rindsuppe
Cayennepfeffer, 1 Lorbeerblatt, 1 KL gemahlener Kümmel
240 g Putenknacker, 1 EL Maisstärke, Essig, 1 KL Majoran
Salz, Pfeffer, 1/8 l Sauerrahm, 1/8 l Acidophilusmilch

1 Erdäpfel schälen und in große Würfel schneiden.

2 Zwiebeln schälen, würfeln und in Sonnenblumenöl anschwitzen. Zucker, Knoblauch und Paprika einrühren, mit Suppe aufgießen. Cayennepfeffer, Lorbeerblatt und Kümmel dazugeben. Die Erdäpfelwürfel dazugeben, salzen und pfeffern.

3 Putenknacker in dickere Scheiben schneiden und dazugeben, ca. 3–5 Minuten köcheln lassen.

4 Wenn notwendig, den Saft mit etwas Maisstärke binden. Zum Schluss mit einem Schuss Essig und frischem Majoran würzen.

5 Sauerrahm und Acidophilusmilch gut verrühren und mit einem Esslöffel über das angerichtete Erdäpfelgulasch ziehen.

Servieren Sie dazu ein frisches Landbrot.

GEFÜLLTE TOPFENTEIGTASCHERLN

Nährwerte pro Portion:

kcal	368
kJ	1541
EW/g	26
F/g	12
KH/g	34
Bal/g	5
Chol/mg	82

20 g Diätmargarine, 1 Ei, Salz, 125 g passierter Magertopfen
je 75 g Weizenvollkornmehl und Weizenmehl

10 g Diätmargarine, 30 g Zwiebeln, 125 g Geflügelfleisch
2 EL Weißwein, 40 g Erdäpfel, 1 Eiklar, 2 EL Parmesan
Salz, Pfeffer, Thymian

je 80 g Kohlrabi, Karotten, Lauch, Gelbe Rüben
etwas Gemüsesuppe, Salz

1/4 l Joghurt (1 %), Knoblauch, Salz, Pfeffer, Schnittlauch

1 Für den Teig Diätmargarine, Ei und Salz schaumig rühren, mit Magertopfen und Mehl gut verarbeiten und kühl rasten lassen.

2 Für die Fülle Geflügelfleisch in kleine Würfel schneiden. Gehackte Zwiebeln in Diätmargarine anschwitzen, Fleisch dazugeben und kurz anbraten. Mit Weißwein ablöschen und kochen, bis der Wein verdunstet und das Fleisch gar ist. Die gekochten, passierten Erdäpfel, Eiklar, Parmesan und die Gewürze beigeben, gut durchmischen und abschmecken.

3 Den Topfenteig ca. 2 mm dick ausrollen, mit verschlagenem Ei bestreichen und mit einer runden Form gleich große Kreise ausstechen. Die Fülle mit einem Löffel in die Mitte setzen, zusammenklappen und die Ränder mit einer Essgabel fest andrücken. In Salzwasser ca. 5 Minuten kochen.

4 Das in Streifen geschnittene Gemüse in Gemüsesuppe knackig dünsten, salzen.

5 Für die Sauce Joghurt mit den Gewürzen, Knoblauch und Schnittlauch vermischen.

GEBRATENES HUHN AUF PANNONISCHE ART

Nährwerte pro Portion:

kcal	225
kJ	1069
EW/g	31
F/g	8
KH/g	9
Bal/g	5
Chol/mg	79

1 Huhn (ca. 1,3 kg)
2 rote Paprikaschoten, 1 Chilischote, 2–3 Knoblauchzehen
1 Bd. Thymian, 1 Bd. Petersilie, Kapernbeeren
1 EL Olivenöl
Salz, Pfeffer
1/8 l Blaufränkischer Rotwein

1 Huhn zerlegen, Haut abziehen und in Stücke schneiden (Brust in 4 und Keulen in 2). Mit Salz, Pfeffer, Knoblauch und Thymian einreiben.

2 In einer Pfanne Olivenöl erwärmen, die entkernte Chilischote erhitzen und die Geflügelteile rundherum anbraten. Mit Rotwein ablöschen. Kapern beifügen und im Rohr bei ca. 220 °C 30 Minuten dünsten.

3 Paprikaschoten entkernen, in Streifen schneiden und 10 Minuten vor Ende der Garzeit gemeinsam mit 1–2 Thymianzweigen und der gehackten Petersilie dazugeben. Anschließend die Sauce abschmecken und servieren.

Als Beilage empfehlen wir gedünsteten Reis.

HÜHNERBRÜSTCHEN MIT KRÄUTERRISOTTO

4 Hühnerbrüstchen á 100 g
Salz, Pfeffer, 20 g Diätmargarine
100 g Naturreis
2 EL gehackte Kräuter (Basilikum, Kerbel, Estragon, Petersilie, ...)
1 Ei
30 g frischer Parmesan

Nährwerte pro Portion:

kcal	283
kJ	1187
EW/g	30
F/g	10
KH/g	19
Bal/g	1
Chol/mg	120

1 Hühnerbrüstchen mit Salz und Pfeffer würzen. In einer beschichteten Pfanne auf beiden Seiten goldgelb anbraten, aus der Pfanne nehmen und auf ein Blech legen, dann überkühlen lassen.

2 In der Zwischenzeit Naturreis dünsten, die gehackten Kräuter, die Hälfte des Parmesans und das Ei unter den etwas abgekühlten Reis mischen und abschmecken.

3 Die Masse auf den Hühnerbrüstchen verteilen, mit dem restlichen Parmesan bestreuen und ca. 8 Minuten bei 200 °C im Rohr überbacken.

Die Hühnerbrüstchen auf gedünstetem Blattspinat anrichten und mit gegrillten Tomaten garnieren.

HÜHNERSUPPENTOPF MIT GEMÜSE & NUDELN

Nährwerte pro Portion:	
kcal	208
kJ	872
EW/g	30
F/g	2
KH/g	17
Bal/g	6
Chol/mg	71

1 Suppenhuhn (ca. 1,5 kg)
je 140 g Karotten und Gelbe Rüben
je 80 g Petersilwurzel und Knollensellerie
80 g junge Erbsen, 1 Lauch, 5 EL Schnittlauch
1 Hühnersuppen-Brühwürfel
50 g dünne Fadennudeln
Pfefferkörner, Salz

1 Das gewaschene, geputzte Suppenhuhn in einem Suppentopf mit Wasser bedecken.

2 Geputztes Gemüse, Pfefferkörner und Suppenwürze beigeben, schwach salzen und weich kochen.

3 Karotten, Gelbe Rüben und Sellerie in Würfel schneiden.

4 Erbsen extra kochen und abseihen.

5 Fadennudeln in Salzwasser kochen, abseihen und kalt abschrecken.

6 Das Huhn aus der Suppe nehmen, Haut abziehen, aufschneiden und auslösen.

7 Hühnerteile, Nudeln und Gemüse in einen Suppentopf geben, mit heißer Suppe auffüllen, mit Schnittlauch bestreuen und servieren.

PUTENGESCHNETZELTES MIT SOJASPROSSEN

400 g Putenbrust
Salz, Pfeffer, Ingwer, Sojasauce, Zitronenschale
10 g Sonnenblumenöl, 10 g Diätmargarine, 30 g Dinkelmehl
100 g Lauch
150 g Karotten
150 g Sojasprossen
200 ml klare Hühnersuppe, Petersilie, etwas Minze

Nährwerte pro Portion:

kcal	206
kJ	864
EW/g	28
F/g	6
KH/g	9
Bal/g	4
Chol/mg	60

1 Fleisch würzen, stauben und in Sonnenblumenöl rasch anbraten.

2 Lauch in Ringe schneiden, Karotten in Stifte schneiden und kochen, Sojasprossen blanchieren.

3 Das vorbereitete Gemüse in Diätmargarine anschwitzen und mit 10 g Mehl stauben, danach mit Hühnersuppe verkochen. Die Putenbrustwürfel dazugeben. Mit Zitronenschale, Wein, Sojasauce, Petersilie, Minze, Ingwer, Salz und Pfeffer abschmecken.

Als Beilage empfiehlt sich ein Naturreis-Risotto.

PUTENROULADE MIT PAPRIKAFÜLLE

Nährwerte pro Portion:	
kcal	224
kJ	938
EW/g	32
F/g	9
KH/g	4
Bal/g	2
Chol/mg	87

400 g Putenbrust
100 g Putenbrust für die Farce
1/8 l Kaffeeobers, Pastetengewürz, Salz, Pfeffer
75 g rote und gelbe Paprikaschoten
100 g Mangoldgemüse
20 g Diätmargarine
Schweinsnetz

1 Für die Farce 100 g Putenfleisch (sehr kalt) fein faschieren und mit 1/8 l Obers pürieren. Die Paprikaschoten würfeln, kurz anbraten und zusammen mit Pastetengewürz, Salz und Pfeffer mit der Farce vermengen.

2 Geputzte, gewaschene und blanchierte Mangoldblätter auf dem Schweinsnetz auflegen und mit der dünn geklopften Putenbrust belegen. Mit Farce einstreichen und einrollen.

3 Im vorgeheizten Rohr bei 180 °C ca. 20 Minuten braten. Den Bratenrückstand mit Gemüsesuppe aufgießen.

Als Beilage empfehlen wir gemischte Blattsalate und Petersilerdäpfel.

REHFILET MIT SESAMSCHUPFNUDELN

480 g Rehrückenfilet
20 g Sonnenblumenöl, Salz, Pfeffer aus der Mühle
Wacholderbeeren, 1/4 l Wildsauce

300 g Erdäpfel, 150 g Mehl, 40 g Grieß, 50 g Sesam
1 Ei, Salz, Muskat, 10 g Diätmargarine zum Schwenken

250 g Kohlsprossen, klare Gemüsesuppe zum Kochen

Nährwerte pro Portion:

kcal	531
kJ	2223
EW/g	40
F/g	20
KH/g	49
Bal/g	7
Chol/mg	136

1 Rehrückenfilet würzen, in heißer Pfanne ca. 5 Minuten anbraten, aus der Pfanne nehmen und zur Seite stellen (Filet soll innen noch rosa sein). Den Bratensatz mit Wildsauce aufgießen, Wacholderbeeren beigeben und etwas einkochen lassen.

2 Für die Schupfnudeln die warmen, geschälten Erdäpfel mit der Presse ausdrücken – Mehl, Grieß, Salz, Ei, Muskat und etwas Sesam dazugeben und abmischen. Fingerdick auf bemehltes Brett ausrollen, 5 cm lange Stücke schneiden und mit den Händen etwas nachformen. Im kochenden Salzwasser kochen, bis die Nudeln an die Oberfläche kommen. Abschrecken und gut abtropfen lassen.

3 Kohlsprossen in Gemüsesuppe kochen.

4 Die Schupfnudeln in wenig Diätmargarine erwärmen, Sesam dazugeben und leicht braun rösten, salzen und gut durchschwenken.

5 Rehfilet aufschneiden, auf vorgewärmten Tellern mit den Beilagen und der Wildsauce gefällig anrichten.

REHGESCHNETZELTES MIT PILZEN

Nährwerte pro Portion:	
kcal	284
kJ	1190
EW/g	31
F/g	11
KH/g	11
Bal/g	3
Chol/mg	88

400 g Rehfleisch vom Schlögel
200 g Pilze der Saison (Eierschwammerln, Steinpilze, Austernpilze, ...)
1 EL Sonnenblumenöl, 100 g fein gehackte Zwiebeln
1/8 l Rotwein, 0,6 l Wildsauce,
1 Lorbeerblatt, 1 zerdrückte Wacholderbeere
1 EL Preiselbeeren, 2 EL Sauerrahm, 1 EL Weizenvollkornmehl
Salz, Pfeffer, Thymian

1 Das zugeputzte Rehfleisch in Streifen schneiden. Pilze putzen und blättrig schneiden.

2 Pilze und Fleisch in Sonnenblumenöl kurz anrösten (Fleisch soll innen noch rosa sein), aus der Pfanne nehmen und warm stellen.

3 Zwiebeln anschwitzen, dabei den Bratensatz lösen, mit Rotwein ablöschen, einkochen lassen, mit Wildsauce aufgießen, Lorbeerblatt und Wacholderbeere dazugeben, etwas einkochen lassen, Preiselbeeren und Sauerrahm dazugeben und abschmecken.

4 Mit dem Stabmixer kurz durchmixen, Fleisch und Pilze dazugeben und kurz ziehen lassen, eventuell nochmals abschmecken.

5 Rehragout anrichten, mit etwas Sauerrahm und Kräutern garnieren.

Dazu passen sehr gut glacierte Apfelspalten und Vollkorn-Serviettenknödel.

REHPFEFFER MIT STEINPILZEN

480 g Rehfleisch (vom Schlögel), Salz, Pfeffer
140 g Wurzelgemüse (Karotten, Sellerie, Petersilwurzel)
50 g Zwiebeln, 1 EL Tomatenmark, 10 g Sonnenblumenöl
1/8 l Rotwein, 3/4 l entfettete Rindsuppe, 2 EL Preiselbeeren
Wacholderbeeren, Lorbeerblatt, Pfefferkörner, Thymian und Piment
1 EL Estragonsenf, 1/16 l Sauerrahm, 1/16 l Joghurt (1 %)
20 g Vollkornweizenmehl, 300 g Steinpilze, 10 g Diätmargarine
1 EL Petersilie, 1 KL grüne Pfefferkörner

Nährwerte pro Portion:

kcal	269
kJ	1126
EW/g	32
F/g	9
KH/g	11
Bal/g	8
Chol/mg	78

1 Fleisch in ca. 3 cm große Würfel schneiden, salzen und pfeffern. Wurzelwerk und Zwiebeln in grobe Würfel schneiden.

2 Rehfleisch in heißem Öl kurz anbraten, aus der Pfanne nehmen. Wurzelwerk, Tomatenmark und Zwiebeln ebenfalls bräunen, mit Rotwein ablöschen. Mit Rindsuppe aufgießen und aufkochen lassen.

3 Rehfleisch, Preiselbeeren und restliche Gewürze beigeben und zugedeckt weich dünsten. Das Fleisch aus der Sauce nehmen, Rahm, Joghurt und Mehl versprudeln, in die Sauce einrühren, kurz aufkochen und fein passieren.

4 Die Pilze putzen, würfelig schneiden und in Diätmargarine kurz anrösten.

5 Fleisch, Pilze und grünen Pfeffer in die Sauce geben. Zuletzt die Petersilie einrühren.

Als Beilage eignen sich sehr gut Vollkorn-Serviettenknödel oder Schupfnudeln.

ROSA GEBRATENES LAMM-KARREE MIT DINKEL-RISOTTO

Nährwerte pro Portion:	
kcal	502
kJ	2102
EW/g	39
F/g	21
KH/g	39
Bal/g	9
Chol/mg	99

600 g Lammkarree (ohne Fett)
1 EL Olivenöl, Salz, Pfeffer aus der Mühle, Thymian, Rosmarin
1 EL Estragonsenf, Knoblauch
200 g Dinkelreis, 400 g Muskatkürbis, 1 Zwiebel
2 EL Kürbiskerne, 1 l klare Gemüsesuppe
2 EL Olivenöl, Salz, Pfeffer

1 Zugeputztes Lammkarree würzen, mit Senf bestreichen und beidseitig in Olivenöl anbraten. Im vorgeheizten Backrohr bei ca. 200 °C rosa braten, einmal wenden.

2 Aus dem Rohr nehmen, 5 Minuten rasten lassen und erst dann aufschneiden.

3 Für das Risotto den Dinkelreis waschen. Die fein gehackte Zwiebel in Olivenöl anschwitzen und unter ständigem Rühren nach und nach mit Gemüsesuppe aufgießen.

4 Kürbis schälen und würfelig schneiden. Kurz bevor der Reis weich ist, untermengen und abschmecken.

5 Kürbiskerne im Rohr bei 200 °C ca. 2 Minuten ohne Fett rösten.

6 Risotto auf Teller anrichten, Lammrückenstücke darauf setzen und mit gerösteten Kürbiskernen bestreuen.

FISCHGULASCH „SZEGEDINER ART“

Nährwerte pro Portion:	
kcal	271
kJ	1135
EW/g	32
F/g	2
KH/g	26
Bal/g	9
Chol/mg	34

400 g Fischfilet (Petersfisch), etwas Paprikapulver
80 g Schinken, 120 g Zwiebeln, etwas Öl
600 g Sauerkraut, 60 g Tomatenmark, 1/2 l Fischfond
1 Becher Joghurt (1 %), Salz, Pfeffer
100 g Erdäpfel (für Bindung)
400 g geschälte Erdäpfel

1 Fischfilets würzen und in kleine Stücke schneiden. Mit Paprika bestäuben.

2 Schinken würfelig schneiden und mit gehackter Zwiebel kurz anrösten.

3 Sauerkraut und Tomatenmark zugeben und 20 Minuten dünsten.

4 Rohe Erdäpfel reiben und als Bindung dazugeben. Mit Joghurt abschmecken.

5 Fischwürfel darauf legen und zugedeckt ca. 5 Minuten gar ziehen lassen.

6 Erdäpfel in Salzwasser kochen und mit dem Fischgulasch servieren.

FISCHKRAUTWICKLER AUF TOMATENRAGOUT

4 junge Weißkrautblätter ohne Strunk, 240 g Zanderfilet
240 g Lachsforellenfilet, 12 Petersilblätter
150 g Kabeljaufilet, 1 Eiklar, 1/8 l Kaffeeobers
Salz, Pfeffer aus der Mühle, etwas Zitronensaft, Dille
40 g Zwiebeln, 1 EL Olivenöl, 40 g Karotten, 2 EL Tomatenmark
5 Tomaten, 1 Knoblauchzehe, Prise Zucker, frisches Basilikum

Nährwerte pro Portion:

kcal	265
kJ	1108
EW/g	34
F/g	11
KH/g	7
Bal/g	2
Chol/mg	107

1 Lachsforellen- und Zanderfilet in 6 Stücke teilen und mit Salz und Pfeffer würzen.

2 Für die Farce Kabeljau in Würfel schneiden, mit Salz, Pfeffer, Dille, Eiklar, Zitronensaft und etwas Kaffeeobers marinieren. Im Tiefkühler anfrieren lassen und mit dem restlichen Obers im Mixer zu einer kompakten Farce mixen.

3 Die blanchierten Krautblätter auflegen, mit Farce bestreichen, Zanderfilet darauf legen, mit Petersilblättern belegen, wieder etwas Farce aufstreichen, Lachsforellenfilet darauf legen, mit Farce bestreichen und fest einrollen.

4 Die fertigen Krautwickler schön nebeneinander in ein befettetes Geschirr schlichten und bei 85 °C ca. 20 Minuten im Backrohr pochieren.

5 Für das Ragout die fein gehackten Zwiebeln und würfelig geschnittenen Karotten in Olivenöl anrösten, Tomatenmark beigeben und kurz mitrösten. Abgezogene Tomatenviertel, Zucker und Knoblauch beigeben und kurz weiterkochen. Zum Schluss den gehackten Basilikum dazugeben und abschmecken.

FISCHSPIESSCHEN VOM GRILL

Nährwerte pro Portion:	
kcal	185
kJ	776
EW/g	23
F/g	8
KH/g	5
Bal/g	3
Chol/mg	53

je 120 g Petersfisch, Kabeljaufilet, Scholle und Lachsfilet
Estragon, Salbei, Petersilie, Koriander, Salz, Pfeffer
je 100 g rote, grüne und gelbe Paprikaschoten
100 g Zwiebeln
Knoblauch, 1 EL Olivenöl, Salz, Pfeffer

1 Fische in Stücke schneiden und auf Holz- oder Aluspieß stecken, würzen und im vorgeheizten Rohr (Alufolie) oder auf Plattengriller grillen.

2 Paprika in 2 cm große Quadrate schneiden, mit Zwiebeln in Olivenöl weich dünsten und würzen.

3 Das Paprikagemüse mit den Fischspießchen auf Tellern gefällig anrichten.

Als Beilage eignen sich sehr gut Petersilerdäpfel und gemischte Blattsalate.

FOGOSCHFILET MIT SPARGEL UND BÄRLAUCH

4 Fogoschfilets á 100 g
400 g Spargel (weiß und grün)
1 Bd. Bärlauch
450 g Wurzelgemüse (Karotten, Sellerie, Petersilie und Lauch)
Salz, Pfeffer, Zitrone, Zucker
3 EL Olivenöl, Kräutersalz

Nährwerte pro Portion:

kcal	244
kJ	1022
EW/g	23
F/g	13
KH/g	9
Bal/g	4
Chol/mg	73

1 Wurzelgemüse putzen, waschen und in Streifen schneiden. In den Dampftopf geben, gewürzte Fogoschfilets darauf legen und 5 Minuten dämpfen.

2 Spargel putzen und waschen, in Wasser mit etwas Zucker und Salz kochen.

3 Bärlauch hacken, in Olivenöl kurz erwärmen, geschnittenen Spargel dazugeben und mit etwas Kräutersalz abschmecken.

4 Fogosch mit den übrigen Zutaten gefällig anrichten.

Als Beilage eignen sich gekochte Salzerdäpfel besonders gut.

GEBRATENES LACHSFILET AUF GARTENGEMÜSE

Nährwerte pro Portion:

kcal	344
kJ	1441
EW/g	27
F/g	19
KH/g	14
Bal/g	2
Chol/mg	50

500 g Lachsfilet, 1 Zitrone, 2 kleine rote Zwiebeln
1 Lauch, 80 g Stangensellerie
2 Lorbeerblätter, 2 EL Olivenöl
1/16 l trockener Riesling, 1/16 l Fischfond
1 KL Maisstärke, 2 EL Acidophilusmilch
250 g weiße Trauben, entkernt
Kerbel, Salz, Pfeffer

1 Lachsfilet mit Zitronensaft marinieren.

2 Zwiebeln schälen und würfelig schneiden, Lauch putzen und in Ringe schneiden, Stangensellerie putzen und in 1 cm dicke Stücke schneiden.

3 Lachs trocken tupfen, mit Salz und Pfeffer würzen und in einer beschichteten Pfanne mit Olivenöl 2–3 Minuten braten. Herausnehmen und zur Seite stellen.

4 In den Bratenrückstand Zwiebeln, Lauch und Sellerie dazugeben und anschwitzen, mit Riesling und Fischfond ablöschen, Lorbeerblätter dazugeben und 2–3 Minuten ziehen lassen. Anschließend Acidophilusmilch mit Stärke verrühren und in die Sauce geben. Weintrauben dazugeben und kurz aufkochen lassen, abschmecken.

5 Den Lachs auf Teller mit Sauce und Gemüse rundherum anrichten und mit Kerbel garnieren.

Als Beilage empfehlen wir junge, gekochte Erdäpfel oder Teigwaren.

KABELJAUFILET MIT ZUCCHINI & TOMATEN

Nährwerte pro Portion:	
kcal	329
kJ	1376
EW/g	24
F/g	10
KH/g	34
Bal/g	2
Chol/mg	60

400 g Kabeljaufilet, Salz, weißer Pfeffer aus der Mühle
2 EL Olivenöl, etwas Mehl
200 g Zucchini
150 g Tomaten
10 g Diätmargarine, Salz, Pfeffer, Thymian, Zitrone
160 g Basmatireis, 10 g Diätmargarine, 60 g Zwiebeln
Nelken, Wasser, Salz

1 Kabeljaufilets würzen und mit Mehl stauben. In Olivenöl goldgelb braten.

2 Zucchini würfelig schneiden, die Tomaten enthäuten und ebenfalls in Würfel schneiden.

3 Zucchiniwürfel in Diätmargarine anschwitzen, mit Salz, Pfeffer und Thymian würzen. Die Tomatenwürfel dazugeben, durchrühren und abschmecken.

4 Für den Reis die Zwiebeln in Diätmargarine anschwitzen, Reis beigeben und mit Wasser oder Suppe aufgießen, salzen. Nelken dazugeben und zugedeckt ca. 30 Minuten dämpfen.

BUCHWEIZEN-SAUERKRAUT-AUFLAUF

130 g Buchweizen, 260 ml klare Gemüsesuppe
Curry, Lorbeerblatt
40 g Lauch, 40 g Stangensellerie, 1 EL Sonnenblumenöl
130 g Äpfel
200 g Sauerkraut, 1/16 l Welschriesling, 1/2 Becher Sauerrahm
1 Eidotter, 3 Eiklar, 40 g Käse (Edamer mit 35 % F.i.Tr.)
Salz, Pfeffer, Kräutersalz, Salbei, Liebstöckl, Majoran

Nährwerte pro Portion:

kcal	300
kJ	1254
EW/g	12
F/g	12
KH/g	31
Bal/g	5
Chol/mg	81

1 Buchweizen abspülen und in der Gemüsesuppe mit Curry und Lorbeerblatt weich dünsten.

2 Klein geschnittenes Gemüse in Sonnenblumenöl andünsten, Äpfel schälen und würfelig schneiden, dazugeben und ebenfalls andünsten.

3 Buchweizen, Kraut, Wein, Sauerrahm, Dotter, Gewürze, Kräuter und Käse dazugeben. Eiklar schlagen und unterheben.

4 In eine Auflaufform füllen und bei 180 °C backen.

Diesen Auflauf können Sie mit einer Knoblauch-Joghurtsauce servieren.

BUNTER GEMÜSESPIESS AUF PETERSILREIS

Nährwerte pro Portion:	
kcal	403
kJ	1685
EW/g	23
F/g	14
KH/g	45
Bal/g	13
Chol/mg	23

1 Zucchini, 2 Karotten, 8 Zwiebeln, 2–3 Tomaten, 1 kleiner Karfiol
1 kleiner Broccoli, 200 g Mozzarella, 1 kleiner Radicchio
Kräutersalz, Pfeffer, frischer Thymian, 3 Knoblauchzehen
160 g Vollkornreis, 1 EL Diätmargarine, 60 g Zwiebeln
Wasser, Salz, Petersilie

1 Gemüse putzen, waschen, schälen und in beliebig große Stücke schneiden.

2 Jede Gemüsesorte einzeln knackig kochen und kalt abschrecken – gut abtropfen lassen.

3 Gemüse nach Farbe auf Spieß abwechslungsreich aufstecken. Mit Salz, Pfeffer, Thymian und gepresstem Knoblauch würzen, 10 Minuten ziehen lassen. Mit Mozzarellascheiben belegen und im Rohr bei 180 °C ca. 4–5 Minuten gratinieren.

4 Zwiebeln fein hacken, in Diätmargarine anschwitzen, Reis dazugeben und mit Wasser oder Suppe aufgießen, salzen und zugedeckt ca. 30 Minuten dämpfen. Zum Schluss frische Petersilie untermengen.

5 Reis auf Teller anrichten, Gemüsespieß daraufsetzen.

Sehr gut passt auch eine Kräuter-Joghurtsauce dazu.

ERDÄPFEL-GEMÜSE-GRATIN

800 g Erdäpfel
je 300 g Lauch, Zucchini und Fleischtomaten
150 g Karotten
50 g Magermilch, 25 g Sauerrahm, 2 Eier
45 g Emmentaler
Salz, weißer Pfeffer, Muskat, Knoblauch

Nährwerte pro Portion:	
kcal	316
kJ	1323
EW/g	15
F/g	8
KH/g	43
Bal/g	10
Chol/mg	131

1 Erdäpfel kochen, schälen, auskühlen lassen und in Scheiben schneiden.

2 Gemüse waschen, putzen und in Scheiben schneiden; Gemüse, außer Tomaten, kochen und abkühlen lassen. Schichtweise mit Erdäpfeln in eine feuerfeste Form schichten und würzen.

3 Milch, Sauerrahm und Eier versprudeln, würzen und Emmentaler untermischen. Masse über das Gemüse verteilen und das Ganze im vorgeheizten Rohr bei 220 °C ca. 15 Minuten überbacken.

Als Beilage kann man kalte Dill-Joghurtsauce reichen.

ERDÄPFEL-ZUCCHINILAIBCHEN

Nährwerte pro Portion:	
kcal	174
kJ	729
EW/g	8
F/g	3
KH/g	27
Bal/g	5
Chol/mg	63

300 g Zucchini, 500 g Erdäpfel, 1/2 Zwiebel
3 EL Magertopfen, 30 g Weizenvollkornmehl, 1 Eidotter
Salz, Pfeffer aus der Mühle, frischer Thymian, Majoran
2 Knoblauchzehen, 3 Eiklar
1/8 l Joghurt, 2 EL Schnittlauch, Knoblauch, Salz, Pfeffer

1 Zwiebel hacken und anrösten. Zucchini waschen, Erdäpfel kochen und schälen. Zucchini und Erdäpfel raspeln und mit den übrigen Zutaten vermengen.

2 Aus Eiklar Schnee schlagen, mit Mehl unter die Masse heben und durchrühren.

3 Laibchen formen, auf ein mit Backtrennpapier belegtes Blech setzen und bei 220 °C backen.

4 Joghurt mit Schnittlauch, Knoblauch, Salz und Pfeffer verrühren.

5 Die Erdäpfel-Zucchini-Laibchen auf Tellern mit Schnittlauch-Joghurtsauce anrichten und mit gemischten Blattsalaten servieren.

GEMÜSE-VOLLKORNSTRUDEL

Zutaten für 15–20 Portionen

170 g Mehl (halb Weizenvollkornmehl, halb glattes Weizenmehl)
ca. 170 g Wasser, Salz
je 300 g Karotten und Zucchini
je 150 g Gelbe Rüben, Karfiol, Broccoli und Champignons
5 Eiklar, 1/4 l Kaffeeobers, 20 g Diätmargarine

Nährwerte pro Portion:

kcal	135
kJ	566
EW/g	7
F/g	5
KH/g	16
Bal/g	5
Chol/mg	10

1 Für den Strudelteig Mehlsorten mit Wasser und Salz vermengen und rasten lassen.

2 Karotten, Zucchini, Gelbe Rüben in Streifen schneiden; Karfiol, Broccoli und Champignons in mundgerechte Stücke schneiden; Sämtliches Gemüse kurz blanchieren.

3 1/3 des Gemüses mit Kaffeeobers zerkochen lassen, bis es ganz weich ist – mit Mixstab pürieren und auskühlen lassen.

4 Eiklar nach und nach dazugeben und verrühren. Mit restlichem Gemüse gut vermengen und in Strudelteig füllen, mit Margarine bestreichen und ca. 30 Minuten goldgelb backen. Rasten lassen.

Als Beilage eine Sauce reichen – z. B. Schnittlauch-Joghurtsauce.

KÄRNTER KASNUDELN

Nährwerte pro Portion:	
kcal	438
kJ	1834
EW/g	19
F/g	9
KH/g	68
Bal/g	8
Chol/mg	127

200 g Weizenvollkonrmehl, 200 g glattes Weizenmehl
1 Ei, Salz, 1/8 l Wasser

150 g Topfen (20 %), 1 Ei
Minze, Salz, Petersilie, Knoblauch
30 g Grahamweckerl (einweichen)

1 Aus Mehl, Ei, Salz und Wasser einen glatten Teig zubereiten, ausrollen und Kreise (ca. 8 cm) ausstechen.

2 Für die Fülle alle Zutaten miteinander abmischen. Auf die untere Hälfte der ausgestochenen Kreise mit einem Löffel die Topfenmasse setzen, die obere Teighälfte darüberklappen und rundherum fest anpressen. Mit einer Gabel andrücken und wellenartig abdichten („krendeln").

3 Zum Kochen in siedendes Salzwasser geben, herausnehmen und abtropfen lassen.

4 Mit Schnittlauch bestreuen und mit einer Schüssel knackigem Salat servieren.

KRAUTFLECKERLN

200 g Fleckerln
600 g Weißkraut
150 g Zwiebeln
30 g Kristallzucker
2 EL Sonnenblumenöl
Salz, Pfeffer aus der Mühle
Gemüsesuppe oder Wasser

Nährwerte pro Portion:

kcal	304
kJ	1271
EW/g	9
F/g	7
KH/g	50
Bal/g	8
Chol/mg	47

1 Fleckerln in reichlich Salzwasser bissfest kochen, abseihen und abschrecken.

2 Sonnenblumenöl erhitzen, Zucker darin karamellisieren, fein geschnittene Zwiebeln dazugeben und durchrösten.

3 Das Weißkraut schneiden und mitrösten, mit Suppe aufgießen, salzen und pfeffern, ca. 25 Minuten weich dünsten.

4 Fleckerln erhitzen, salzen und pfeffern, mit Kraut vermengen.

MARCHFELDER BLATTSPINAT-RISOTTO

Nährwerte pro Portion:	
kcal	325
kJ	1362
EW/g	7
F/g	8
KH/g	51
Bal/g	4
Chol/mg	0

300 g junger Blattspinat
1 Zwiebel
250 g Risottoreis
3/4 l klare Gemüsesuppe
1/8 l Chardonnay
1 EL Olivenöl
etwas Parmesan, Salz, Pfeffer

1 Blattspinat putzen und kurz in kochendes Wasser geben, abschrecken und im Mixer mixen.

2 Fein gehackte Zwiebel in Olivenöl anschwitzen, den Risottoreis einrühren, mit Weißwein aufgießen, reduzieren, mit Gemüsesuppe aufgießen und unter ständigem Rühren ohne Deckel auf kleiner Flamme köcheln lassen.

3 Sobald der Reis eine breiige Konsistenz hat, den Spinat einrühren und wiederum mit etwas Suppe aufgießen. Nach ca. 20 Minuten mit Salz und Pfeffer würzen. Auf Tellern anrichten und mit etwas Parmesan bestreuen.

Als Beilage empfehlen wir Rucola-Tomaten-Salat.

PENNE IN GEMÜSE-TOMATENSAUCE

Nährwerte pro Portion:	
kcal	461
kJ	1929
EW/g	15
F/g	11
KH/g	72
Bal/g	11
Chol/mg	75

1 Knoblauchzehe, 2 Zuckerkarotten
1 Zwiebel, 1 Selleriestange mit Grün, 2 EL Olivenöl
1 kg Fleischtomaten, Petersilie, Basilikum, Thymianzweig
Safranfäden, Tabasco, Cayennepfeffer, Salz, Pfeffer
1/2 l Hühnersuppe, 2 EL Tomatenmark, 2 EL Staubzucker
1 EL Pernod
320 g Penne, Parmesan

1 Knoblauch, Zwiebel, Sellerie und Karotten fein würfeln. Sellerieblätter hacken. Gemüsewürfel in Öl anschwitzen, Tomaten enthäuten und entkernen und in feine Würfel schneiden. Zum Gemüse dazugeben und kurz mitdünsten.

2 Kräuter klein hacken und beigeben. Mit Safran, Tabasco, Cayennepfeffer, Salz und Pfeffer würzen, mit Hühnersuppe aufgießen, Tomatenmark einrühren, Pernod und Staubzucker einrühren und bei gelegentlichem Umrühren ca. 20 Minuten kochen.

3 Penne in Salzwasser bissfest kochen, abseihen und kalt abschrecken.

4 In tiefe Teller anrichten, Gemüsesauce darauf geben und mit etwas Parmesan bestreuen.

TOFU-LINSENEINTOPF

120 g Linsen
80 g Lauch, 40 g Zwiebeln, 120 g Stangensellerie
120 g Karotten, 80 g Zucchini
2 EL Sonnenblumenöl, 1,2 l klare Gemüsesuppe
40 g Acidophilusmilch oder Sauermilch
100 g Tofu, Curry, Salz, Pfeffer, Muskat, Knoblauch
Schnittlauch, Oregano und Liebstöckl

Nährwerte pro Portion:

kcal	252
kJ	1057
EW/g	11
F/g	13
KH/g	22
Bal/g	7
Chol/mg	4

1 Linsen in 1 l Wasser einweichen und quellen lassen. Anschließend mit dem Einweichwasser weich kochen.

2 Zwiebeln und Lauch in Sonnenblumenöl anschwitzen, restliches Gemüse beliebig schneiden, beigeben und andämpfen. Mit ca. 1 l Suppe auffüllen, mit Muskat und Curry und den übrigen Gewürzen würzen und kochen lassen. Nach 15 Minuten Linsen und fein geschnittene Kräuter dazugeben.

3 Um eine gute Bindung zu erhalten, kann man einen Teil der Linsen pürieren.

4 Tofu beliebig schneiden und dem Eintopf beigeben, vor dem Servieren mit frischem Schnittlauch bestreuen.

Als Beilage passen sehr gut Vollkorn-Serviettenknödel.

VOLLKORNKNÖDEL-GEMÜSE-GRÖSTL

Nährwerte pro Portion:	
kcal	350
kJ	1507
EW/g	14
F/g	18
KH/g	37
Bal/g	8
Chol/mg	64

250 g Vollkorntoastbrot, 1/8 l Magermilch, 1 Eidotter
3 Eiklar, Salz, Muskat, 1 EL gehackte Petersilie
20 g Diätmargarine, 20 g gehackte Walnüsse
je 100 g Erbsenschoten, Champignons oder Eierschwammerln und Zwiebeln, 1 EL Petersilie, 2 EL Olivenöl
Salz, Pfeffer

1 Für die Knödel Toastbrot mit Milch, Eidotter, Salz, Muskat, Margarine, Walnüssen und Petersilie vemengen. Das Eiklar zu Schnee schlagen und unter die Masse heben.

2 Knödelmasse auf kochfeste Folie verteilen, einrollen und im Salzwasser ca. 15–20 Minuten kochen. Anschließend abseihen und Knödel kalt stellen. Danach Knödel in kleine Scheiben schneiden.

3 Die Erbsenschoten putzen und waschen, in Salzwasser bissfest kochen, abschrecken und gut abtropfen lassen.

4 Pilze putzen und in Stücke schneiden. Zwiebeln in einer beschichteten Pfanne mit Olivenöl anrösten, Pilze und Knödelstückchen dazugeben, kurz mitrösten, salzen und pfeffern.

5 1 EL gehackte Petersilie einrühren. Erbsenschoten zum Schluss dazugeben und kurz mitrösten.

6 Auf Teller anrichten und gemischte Blattsalate als Beilage servieren.

DESSERTS

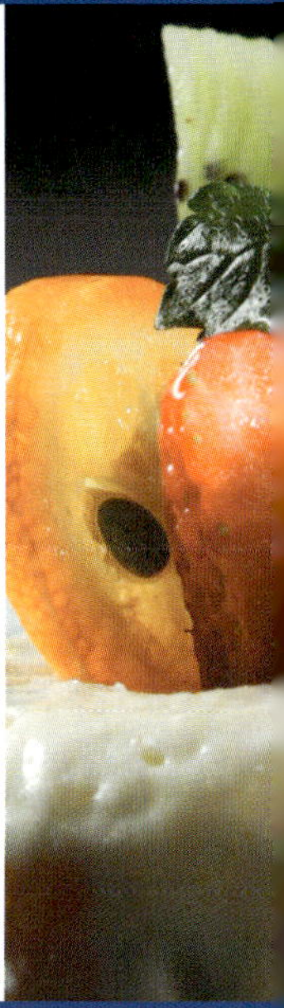

BEEREN ROMANOFF

Nährwerte pro Portion:	
kcal	49
kJ	203
EW/g	1
F/g	0,5
KH/g	6
Bal/g	4
Chol/mg	0

Je 60 g Himbeeren, Heidelbeeren, Brombeeren und Ribiseln
120 g Erdbeeren
1 EL Rum
1/2 Zitrone
Melissenblätter
flüssiger Süßstoff

1 Beeren waschen und gut abtropfen lassen.

2 Erdbeeren mit flüssigem Süßstoff mixen und Beeren dazugeben.

3 Mit Rum und Zitronensaft abschmecken. In Schalen füllen und mit Melissenblatt garnieren.

4 Zur Dekoration mit ganz wenig Staubzucker bestreuen.

KAISERSCHMARREN MIT ZWETSCHKENRÖSTER

Nährwerte pro Portion:	
kcal	246
kJ	1032
EW/g	9
F/g	4
KH/g	40
Bal/g	3
Chol/mg	1

1/4 l Magermilch, 1 TL Sonnenblumenöl
75 g glattes Weizenmehl, 75 g Weizenvollkornmehl
Prise Salz, 4 Eiklar, 2 EL Zucker, 1 EL Diätmargarine
etwas Staubzucker zum Bestreuen, Safranfäden
400 g Zwetschken
Saft und Schale einer ungespritzten Zitrone
Nelken, Zimtrinde, flüssiger Süßstoff

1 Safran in etwas warmer Milch aufgehen lassen, bis die Milch die gelbe Farbe annimmt, anschließend abseihen.

2 Die Milch mit Öl vermischen, das Mehl und Salz dazugeben, ca. 15 Minuten rasten lassen.

3 In der Zwischenzeit aus dem Eiklar und dem Zucker einen cremigen Eischnee schlagen und diesen unter den Schmarrenteig heben.

4 In einer beschichteten Pfanne die Margarine erwärmen und den Teig einfüllen. Ein knuspriges Omelette backen – mit einer Gabel in mundgerechte Stücke zerteilen.

5 Für den Zwetschkenröster die entkernten und gewaschenen Zwetschken mit ca. 1/8 l Wasser und den übrigen Zutaten kochen und reduzieren.

6 Schmarren gefällig anrichten, mit etwas Staubzucker bestreuen und mit Zwetschkenröster servieren.

KIRSCHENSTRUDEL

Zutaten für 12 Stücke

Nährwerte pro Stück:	
kcal	171
kJ	718
EW/g	3
F/g	5
KH/g	28
Bal/g	3
Chol/mg	0

2 Pkg. ausgezogener Strudelteig
1 kg Kirschen
Süßstoff, Zitronensaft, 1 KL Zimt
70 g Semmelbrösel, 1 EL Weizenkleie
40 g Diätmargarine
Diätmargarine zum Bestreichen
Staubzucker zum Bestreuen

1 Kirschen entkernen und mit Süßstoff, Zitronensaft und Zimt abschmecken.

2 Semmelbrösel und Weizenkleie vermischen und in Diätmargarine goldgelb rösten, anschließend kalt stellen.

3 Mit den Kirschen vermengen.

4 Strudelteig auf bemehltes Tuch legen, Kirschenmasse darauf verteilen, straff einrollen und Enden gut verschließen.

5 Auf ein mit Backtrennpapier ausgelegtes Blech legen, mit wenig Diätmargarine bestreichen und im vorgeheizten Backrohr bei 190 °C ca. 25–30 Minuten backen.

6 Strudel in 12 Stücke teilen.

ORANGENGELEE

6 Blatt Gelatine
600 g frisch gepresster Orangensaft
8 g Magermilchpulver
40 g Obers
40 g Orangenscheiben

Nährwerte pro Portion:	
kcal	118
kJ	496
EW/g	5
F/g	3
KH/g	16
Bal/g	1
Chol/mg	9

1 Gelatine in Wasser einweichen, Orangensaft aufkochen.

2 Etwas Orangensaft, das Magermilchpulver und die eingeweichte und gut ausgedrückte Blattgelatine soweit erhitzen, bis sich diese aufgelöst hat.

3 Beides mischen, portionieren und kalt stellen, bis das Gelee steif ist.

4 Mit geschlagenem Obers und Orangenscheiben ausgarnieren.

REIS TRAUTTMANNSDORF MIT FRÜCHTEPOTPOURRIE

Nährwerte pro Portion:	
kcal	260
kJ	1090
EW/g	8
F/g	10
KH/g	32
Bal/g	1
Chol/mg	28

200 g gemischte Früchte, 1 EL Maraschino
1/4 l Magermilch, 20 g Kristallzucker, flüssiger Süßstoff
1 Prise Vanillezucker, Zitronenschale, Salz
60 g Rundkornreis
3 Blatt Gelatine
1/8 l Schlagobers, 125 g Magertopfen
1 EL Akazienhonig, Melissenblätter zum Garnieren

1 Gemischte Früchte (z. B. verschiedene Beeren, Trauben, Kirschen, Pfirsich etc.) in kleine Stücke schneiden und mit Maraschino marinieren.

2 Milch, Kristallzucker, Süßstoff, Vanillezucker, Zitronenschale und Salz aufkochen, Reis dazugeben und zugedeckt im Rohr dünsten lassen.

3 Gelatine in kaltem Wasser einweichen, ausdrücken, in den heißen Reis einrühren und Masse erkalten lassen.

4 Danach geschlagenes Obers, passierten Topfen, Akazienhonig und marinierte, gemischte Früchte in die Masse heben. In kleine Auflaufförmchen füllen, ca. 3 Stunden im Kühlschrank kühlen, anschließend Förmchen in heißes Wasser tauchen und Reis auf Teller stürzen. Mit frischen Beeren und Melissenblättern garnieren.

Dazu passen auch sehr gut Himbeer-, Erdbeer- oder Heidelbeersauce.

SCHAFSJOGHURT-TOPFEN-NOCKERLN

Nährwerte pro Portion:

kcal	135
kJ	567
EW/g	12
F/g	2
KH/g	14
Bal/g	6
Chol/mg	3

250 g Schafsjoghurt, 125 g Schafstopfen
2 Blatt Gelatine
3 Eiklar
Zitronensaft, flüssiger Süßstoff, 1/2 Vanilleschote
320 g Himbeeren, Zitronensaft, 1 EL Blütenhonig
1 EL Pistazienkerne

1 Gelatine auflösen, Zitronensaft und Süßstoff dazugeben. Passierten Topfen dazurühren, Joghurt und geschlagenen Schnee unterziehen, anschließend Masse kühl stellen.

2 Die Beeren passieren (einige als Garnitur zurückbehalten), mit Zitronensaft und Blütenhonig abschmecken.

3 Sauce auf Teller verteilen, Nockerln ausstechen und auf die Sauce setzen.

4 Mit Himbeeren garnieren und mit gehackten Pistazienkernen bestreuen.

SCHNEENOCKERLN MIT ERDBEERSAUCE

3 Limetten, Ingwer
130 g Kristallzucker
flüssiger Süßstoff
10 Eiklar
200 g Erdbeeren (tiefgekühlt)
Süßstoff

Nährwerte pro Portion:

kcal	250
kJ	1046
EW/g	12
F/g	1
KH/g	44
Bal/g	1
Chol/mg	0

1 Eiklar unter ständiger Beigabe von Kristallzucker und Süßstoff zu einem festen, cremigen Schnee schlagen.

2 Wanne mit Wasser erhitzen (ca. 80 °C); mit kleiner Teigkarte große Nockerln aus der Masse formen, diese in das Wasser legen, nach ca. 4 Minuten wenden und wieder nach ca. 4 Minuten auf die dritte Seite drehen.

3 Mit Backschaufel aus dem Wasser heben, kalt oder warm servieren.

4 Für die Sauce Erdbeeren mit Süßstoff pürieren.

5 Ingwer und Limettenschale in feine Streifen schneiden und in etwas Zuckerwasser einkochen.

6 Auf Teller Erdbeersauce geben, Schneenockerln darauf legen und mit Ingwer-Limettenstreifen dekorieren.

SOUFFLÉ VON DÖRRPFLAUMEN

Nährwerte pro Portion:	
kcal	381
kJ	1595
EW/g	9
F/g	11
KH/g	55
Bal/g	5
Chol/mg	135

1 Eidotter, 1/8 l Magermilch, 1 EL Vanillezucker, 1 EL Rum
Prise Zimt, 180 g Brioche, 1 Eiklar, 30 g Zucker
170 g Dörrpflaumen
etwas Diätmargarine, wenig Zucker
1 Eidotter, 1 Schuss Weißwein, 1 Schuss Armagnac
2 EL Zucker

1 Milch, Eidotter, Vanillezucker, Rum und Zimt mit einem Schneebesen verschlagen.

2 In Rum marinierte Dörrpflaumen dazugeben, gewürfeltes Brioche hinzufügen, durchmischen und 1/2 Stunde ziehen lassen.

3 Mit Zucker aufgeschlagenes Eiklar unter die Masse heben.

4 Kleine Auflaufförmchen mit Diätmargarine wenig befetten, anzuckern und die Masse einfüllen.

5 Im Wasserbad 18–20 Minuten pochieren.

6 In der Zwischenzeit aus einem Eidotter, Weißwein, Armagnac und Zucker ein Sabayon aufschlagen.

7 Soufflé stürzen und mit Sabayon anrichten.

TOPFEN-MANDARINEN-TORTE

Zutaten für 12 Stücke

125 g Weizen-Vollkornmehl, 1 TL Backpulver, 125 g Diätmargarine
125 g Zucker, 2 Eier, Schale von einer ungespritzten Zitrone und einer ungespritzten Orange, Diätmargarine für die Form, Zucker zum Bestreuen, 150 g Kompottmandarinen
125 g Magertopfen, 2 EL Magerjoghurt, Süßstoff
Orangensaft

Nährwerte pro Stück:

kcal	207
kJ	898
EW/g	4
F/g	11
KH/g	22
Bal/g	1
Chol/mg	38

1 Diätmargarine flaumig rühren; Zucker, Eier, abgeriebene Zitronen- und Orangenschale dazugeben.

2 Mehl und Backpulver versieben und unter die Masse ziehen. In eine mit Diätmargarine befettete Springform füllen und in das vorgeheizte Rohr schieben. Bei 160 °C ca. 25–30 Minuten backen.

3 Aus Joghurt, Topfen, Süßstoff und Orangensaft eine Creme bereiten. Torte nach dem Erkalten in der Mitte durchschneiden. Den unteren Tortenteil mit Creme bestreichen und mit Kompottmandarinen belegen. Den oberen Tortenteil wieder auflegen, anzuckern und auch mit Mandarinenspalten garnieren.

VANILLE-JOGHURT-CREME MIT PFIRSICHSTÜCKCHEN

Nährwerte pro Portion:	
kcal	203
kJ	852
EW/g	8
F/g	5
KH/g	31
Bal/g	1
Chol/mg	16

1/4 l Magermilch
30 g Puddingpulver (Vanille)
1/4 l Joghurt (1 %), 2 EL Honig
150 g Pfirsiche
Vanillezucker
10 g Gelatine
50 g Schlagobers
Melissenblatt zum Garnieren

1 Aus Magermilch und Puddingpulver einen Pudding zubereiten und abkühlen lassen.

2 Joghurt mit Honig, den klein geschnittenen, enthäuteten Pfirsichstückchen und dem Vanillezucker vermengen.

3 Gelatine in wenig Flüssigkeit auflösen und unter das Joghurt mengen.

4 Joghurt und Vanillepudding-Masse miteinander verrühren, das geschlagene Obers unterheben.

5 In Glasschalen abfüllen und erkalten lassen. Mit Pfirsichstückchen und Melissenblatt garnieren.

VOLLKORNBUCHTELN MIT VANILLESAUCE

20 g Germ, 40 g Zucker, 200 g Weizenvollkornmehl
80 ml Magermilch, 50 g Diätmargarine, 1 Ei, Prise Salz
1/2 l Magermilch, 50 g Zucker, flüssiger Süßstoff
2 Eidotter, Vanilleschote, 20 g Vanillecremepulver

Nährwerte pro Portion:

kcal	470
kJ	1969
EW/g	15
F/g	17
KH/g	64
Bal/g	5
Chol/mg	187

1 Aus zerbröselter Germ, der Hälfte lauwarmer Milch, Zucker und etwas Mehl ein Dampfl herstellen. Mit Mehl bestauben und zugedeckt an einem warmen Ort rasten lassen.

2 Das Dampfl zum Weizenvollkornmehl geben und langsam die zerlassene Margarine, die man mit der restlichen lauwarmen Milch, Salz und dem Ei vermengt hat, einrühren. Den Teig seidig schlagen und an einer warmen Stelle zugedeckt gehen lassen.

3 Anschließend den Teig auf einem bemehlten Brett zu einer Rolle formen. Gleich große Stücke herunter schneiden und zu Kugerln formen. Kurz in flüssige Diätmargarine tunken.
Mit der glatten Fläche nach oben in eine befettete Pfanne setzen und nach nochmaligem Aufgehen im Rohr bei 180 °C ca. 20 Minuten goldgelb backen. Mit wenig Staubzucker bestreuen.

4 Für die Vanillesauce die halbe Menge Milch mit 50 g Zucker aufkochen. Restliche Milch mit Süßstoff, Eidottern, Vanille und Cremepulver glatt rühren – in die kochende Milch einrühren und gut aufkochen lassen – warm stellen.

WACHAUER MARILLENCREME

Nährwerte pro Portion:	
kcal	195
kJ	814
EW/g	9
F/g	1
KH/g	34
Bal/g	8
Chol/mg	1

400 g frische, reife Marillen (oder aus der Dose)
2 Bananen
2 Becher Joghurt (1 %)
Süßstoff, Zitronensaft
1 Msp. Zimt, 1 Msp. Vanillezucker
4 EL Weizenkleie
Melissenblätter

1 Marillen (eine Marille als Garnitur zurückbehalten), Bananen, Joghurt, Zitronensaft und Süßstoff mixen und mit der Weizenkleie vermischen. Zimt und Vanillezucker ebenfalls einrühren.

2 Creme in Gläser füllen und hübsch mit Marillenspalten und Melissenblättern garnieren.

WIENER ROSINENGUGELHUPF

Zutaten für 12 Stücke

175 g Mehl, 175 g Dinkelmehl, 1 Pkg. Backpulver
150 g Diätmargarine, 150 g Zucker
3 Eier, 1/8 l Magermilch
60 g Rosinen
ungespritzte Zitronenschale
Diätmargarine und Mehl für die Form
Staubzucker zum Bestreuen

Nährwerte pro Stück:

kcal	296
kJ	1237
EW/g	5
F/g	13
KH/g	38
Bal/g	2
Chol/mg	55

1 Diätmargarine, Zucker, 1 Ei, 2 Eidotter und abgeriebene Zitronenschale schaumig rühren. 175 g Mehl mit Rosinen vermengen und löffelweise abwechselnd mit der Milch in den Abtrieb einrühren.

2 2 Eiklar zu Schnee schlagen, das restliche Mehl mit Backpulver versieben und abwechselnd mit dem Schnee vorsichtig unter die Masse heben.

3 Teig in eine befettete und bemehlte Gugelhupfform füllen, in das vorgeheizte Rohr schieben und bei 175 °C ca. 45–60 Minuten backen.

ZIMT-APFEL-KUCHEN

Zutaten für 20 Stücke

Nährwerte pro Stück:	
kcal	262
kJ	1097
EW/g	5
F/g	12
KH/g	33
Bal/g	5
Chol/mg	1

300 g Weizenmehl, 300 g Weizenvollkornmehl
1 Pkg. Backpulver, 200 g Diätmargarine
1 TL Süßstoff, 1 Prise Salz
1/4 l Magermilch, 1,5 kg Äpfel
Schale von einer ungespritzten Zitrone, 4 EL Zitronensaft
1 TL Zimt, 100 g Rosinen, 100 g Mandeln
2 EL ungezuckerte Kondensmilch

1 Die beiden Mehlsorten und Backpulver versieben. Mit Diätmargarine, Milch, Süßstoff und Salz zu einem glatten Teig verarbeiten und kalt stellen.

2 Mandeln hacken; Äpfel schälen, grob raspeln und mit abgeriebener Zitronenschale, Zitronensaft und Zimt vermischen. Süßstoff, Rosinen und Mandeln dazugeben.

3 Den Teig ausrollen und halbieren. Die eine Teighälfte auf ein mit Backtrennpapier belegtes Blech legen und die Apfelfülle darauf verteilen.

4 Die zweite Teighälfte darauf legen, mit Kondensmilch bestreichen und mit einer Gabel ein Muster einstechen.

5 Kuchen in das vorgeheizte Rohr schieben und bei 180 °C 20–30 Minuten backen.

6 Den Kuchen in 20 Stücke teilen.

SÄFTE & DRINKS

BANANEN-LIMETTEN-DRINK

Nährwerte pro Portion:	
kcal	184
kJ	771
EW/g	7
F/g	1
KH/g	34
Bal/g	2
Chol/mg	1

2 Becher Joghurt (1 %)
1/2 l Wasser
3 kleine Bananen
3 EL Limettensaft
geriebene Schale von 1 Limette
1 Prise Kardamom, 1 Prise Muskat, 2 TL Honig

1 Alle Zutaten mit Mixer pürieren und mit Eiswürfeln servieren.

BEEREN-BUTTERMILCH

Nährwerte pro Portion:	
kcal	186
kJ	777
EW/g	6
F/g	1
KH/g	36
Bal/g	5
Chol/mg	4

1/2 l Buttermilch
2 Bananen
250 g gemischte Beeren
5 Marillenhälften
2 EL Akazienhonig

1 Alle Zutaten im Standmixer cremig pürieren und in Gläser füllen.

MELONEN-MIX

1 Honigmelone (geschält und entkernt)
1 Zuckermelone (geschält und entkernt)
2 TL gehackte Minze
1 TL frischer Limettensaft
1 Prise Salz
Eiswürfel

Nährwerte pro Portion:	
kcal	68
kJ	283
EW/g	2
F/g	0
KH/g	14
Bal/g	2
Chol/mg	0

1 Alle Zutaten im Standmixer cremig mixen und in gekühlte Gläser füllen, sofort servieren.

PAPAYA-ANANAS-SAFT

1/2 Hawaiananas
1 Papaya
1 EL frisch gepresster Limettensaft

Nährwerte pro Portion:	
kcal	26
kJ	110
EW/g	1
F/g	0
KH/g	5
Bal/g	2
Chol/mg	0

1 Ananas und Papaya in Würfel schneiden. Alle Zutaten in einen Standmixer geben und mixen.

2 In gekühlte Gläser füllen und sofort servieren.

PFIRSICH-COCKTAIL

Nährwerte pro Portion:	
kcal	154
kJ	646
EW/g	4
F/g	0,3
KH/g	32
Bal/g	2
Chol/mg	1

300 g Pfirsichstücke
1/2 l frisch gepresster Orangensaft
300 g Joghurt (1 %)
1 EL Honig
1 TL Limettensaft

1 Alle Zutaten im Standmixer pürieren und durch ein Sieb streichen.

2 Mit Eiswürfeln servieren und mit einem Pfirsichstück garnieren.

TOMATEN-GEMÜSE-DRINK

Nährwerte pro Portion:	
kcal	122
kJ	512
EW/g	7
F/g	2
KH/g	17
Bal/g	7
Chol/mg	0

6 Tomaten
1/2 Chilischote
1 Salatgurke
1 TL Salz
2 EL Schnittlauch
1 EL Basilikum

1 Tomaten waschen, vierteln. Chilischote waschen und klein hacken. Gurke waschen, schälen und entkernen, in Stücke schneiden.

2 Alle Zutaten in einem Standmixer pürieren und sofort servieren.

ANHANG

Nährwerttabellen

NÄHRWERTTABELLE

pro 100 g LM	kcal	KJ	Fett g	Fettsäuren in Prozent SAFA %	MUFA %	PUFA %	Cholesterin mg
FLEISCH							
Rindfleisch							
Lungenbraten	189	795	6	48	47	5	97,5
Schulter	129	540	5	48	47	5	65
Tafelspitz	159	665	7	48	47	5	65
Roastbeef - Beiried	130	546	4	48	47	5	70
Beinfleisch	243	1018	17	48	47	5	70
Faschiertes	202	847	14	45	51	4	59
Leber	128	540	3	50	21	29	265
Zunge	207	860	16	47	43	10	108
Lunge - Beuschel	99	415	3	51	46	3	234
Schweinefleisch							
Lungenbraten	108	452	2	39	50	11	65
Schulter	221	920	17	39	50	11	65
Kotelett, mager	133	558	5	39	50	11	60
Schnitzel, mager	106	448	2	39	50	11	70
Schopfbraten	197	822	14	39	50	11	85
Stelze	178	746	11	39	49	12	70
Bauchfleisch	261	1083	21	46	44	10	80
Lunge - Beuschel	114	476	7	46	44	10	314
Kalbfleisch							
Filet	101	422	1	43	42	15	70
Kalbsbrust	131	549	6	43	42	15	73
Kotelett	105	439	3	43	42	15	70
Schnitzelfleisch	111	466	3	43	42	15	70
Zunge	180	754	12	41	50	9	100
Bries	108	452	3	48	45	7	300
Lunge - Beuschel	90	378	2	48	45	7	280
Hirn	117	488	8	42	36	22	2000
FLEISCHWAREN							
Speck							
Speck, fett	796	3331	89	40	49	11	58
Speck, durchwachsen	697	2918	77	38	50	12	58
Schinken							
Schinken, roh mager	136	569	6	39	50	11	70
Schinken, gekocht mager	125	526	5	39	50	11	61
Schinkenspeck	402	1683	36	34	56	10	57

pro 100 g LM	kcal	KJ	Fett g	Fettsäuren in Prozent SAFA %	MUFA %	PUFA %	Cholesterin mg
Wurst							
Bierschinken	179	751	12	38	50	12	60
Blutwurst	334	1412	30	39	50	11	75
Bratwurst	328	1374	30	38	50	12	70
Burenwurst	340	1437	31	48	44	8	55
Extrawurst	228	960	20	38	50	12	55
Frankfurter	265	1121	24	38	50	12	60
Jagdwurst	229	961	18	38	50	12	58
Kantwurst	501	2116	46	45	45	10	75
Käsewurst	279	1179	22	51	41	8	85
Krakauer	132	560	6	39	50	11	51
Leberkäse	306	1294	27	38	50	12	69
Leberpastete	328	1385	30	39	48	13	128
Polnische	338	1429	29	38	50	12	75
Salami	517	2187	46	38	50	12	65
Schinkenwurst	129	545	5	38	50	12	65
Geflügel							
Ente, frisch mit Haut	225	944	17	29	58	13	76
Gans, frisch mit Haut	338	1414	31	32	56	12	86
Huhn, Brust mit Haut	145	607	6	32	43	25	85
Huhn, Keule mit Haut	173	723	11	32	43	25	73
Pute, Brust	107	476	1	35	30	35	60
Pute, Keule	155	647	9	35	30	35	75
Pferdefleisch							
Pferdefleisch Ø	115	481	3	49	45	6	52
Wild							
Rehschlögel	98	410	1	49	45	6	60
Rehrücken	122	512	4	49	45	6	61
Hirschfleisch	113	474	3	49	45	6	50
Hase	116	485	3	44	22	34	66
Kaninchen	109	456	2	44	22	34	82
Wildschwein, Keule	109	457	3	49	45	6	65
FISCH UND FISCHWAREN							
Aal, geräuchert	290	1215	26	27	63	10	149
Forelle	113	474	3	29	34	37	56
Garnelen	87	369	1	22	57	21	144
Hering	206	864	15	23	56	21	91
Hering in Tomatensauce	184	771	13	22	56	22	72
Kabeljau	77	321	1	27	17	56	50

pro 100 g LM	kcal	KJ	Fett g	Fettsäuren in Prozent SAFA %	MUFA %	PUFA %	Cholesterin mg
Karpfen	116	484	5	23	53	24	67
Kaviar	244	1017	16	*	*	*	300
Krabben	91	382	1	23	29	48	138
Lachs	202	842	14	28	43	29	44
Lachs, geräuchert	289	1208	19	*	*	*	42
Makrele	182	763	12	28	43	29	75
Makrele, geräuchert	192	804	13	28	43	29	79
Scholle	90	375	2	24	40	36	42
Seelachs	82	344	1	17	37	46	71
Thunfisch in Öl	222	929	16	20	25	55	69
Ölsardinen, abgetropft	222	927	14	16	23	61	140
Zander	83	348	1	41	15	44	*
MILCHPRODUKTE							
Trinkmilch 3,6% Fett	64	267	3,6	61	36	3	13
Magermilch 1% Fett	46	193	1	61	36	3	4
Buttermilch 1% Fett	38	160	1	61	36	3	4
Sauermilch 3,6% Fett	64	267	3,6	61	36	3	13
Schlagobers 36% Fett	345	1445	36	61	36	3	105
Kaffeeobers 15% Fett	162	678	15	61	36	3	52
Sauerrahm 15% Fett	162	678	15	61	36	3	50
Joghurt 3,6% Fett	68	285	3,6	61	36	3	12
Joghurt 1% Fett	42	175	31	61	36	3	4
Fruchtjoghurt 3,2% Fett	92	386	3	61	36	3	10
Topfen mager	75	315	+	+	+	+	+
Topfen, 10% F.i.Tr.	82	344	2	64	32	4	7
Topfen, 20% F.i.Tr.	100	418	4,4	64	32	4	16
Kondensmilch 4% Fett	111	463	4	64	32	4	16
Kondensmilch 7,5% Fett	133	557	8	64	32	4	28
Kondensmilch 10% Fett	176	738	10	64	32	4	38
KÄSE							
Bierkäse 15% F.i.Tr.	228	951	8	61	36	3	19
Bierkäse 50% F.i.Tr.	315	1315	25,5	64	32	4	72
Butterkäse 50% F.i.Tr.	318	1330	26,5	64	32	4	62
Camembert 30% F.i.Tr.	207	866	12,8	64	32	4	30
Edamer 45% F.i.Tr.	354	1482	28	64	32	4	59
Gervais 55% F.i.Tr.	249	1040	21,2	61	36	3	64
Gorgonzola 55% F.i.Tr.	417	1746	33	61	36	3	112
Gouda 45% F.i.Tr.	329	1375	25,4	64	32	4	59
Hüttenkäse 20% F.i.Tr.	102	428	4	64	32	4	16

pro 100 g LM	kcal	KJ	Fett g	Fettsäuren in Prozent SAFA %	MUFA %	PUFA %	Cholesterin mg
Quargel 10% F.i.Tr.	141	590	1	61	36	3	3
Tilsiter 30% F.i.Tr.	256	1070	16	64	32	4	37
FETTE							
Margarine							
becel Diät-Margarine	720	2960	80	24	26	50	0
becel Diät-Minarine	360	1480	40	28	22	50	0
becel pro.activ Diät-Halbfettmargarine mit Pflanzensterinen	360	1480	40	23	27	50	0
Pflanzenmargarine	722	2970	80	40	50	10	0,1
Halbfettmargarine	370	1524	40	45	37	18	0,3
Öle/Fette							
Maiskeimöl	900	3700	100	15	27	58	0
Olivenöl	900	3700	100	15	75	10	0
Sonnenblumenöl	900	3700	100	12	24	64	0
Distelöl	900	3700	100	9	13	78	0
Kokosfett	900	3700	100	91	7	2	0
Tierische Fette							
Butter	751	3090	83	64	32	4	249
Butterschmalz	897	3686	100	64	32	4	86
Schweineschmalz	900	3700	100	41	48	11	86
Mayonnaise							
Mayonnaise 80%	759	3123	82	12	25	63	106
Mayonnaise 50%	501	2064	51	12	25	63	91
Mayonnaise 25%	289	1197	16	12	25	63	63
EIER							
1 Ei, ca 60g	92	388	7	36	48	16	238
Eigelb, flüssig	348	1459	32	36	48	16	1260
Eiklar, flüssig	50	208	0	0	0	0	0
GEMÜSE, KARTOFFELN, HÜLSENFRÜCHTE							
Bohnen, weiß, gekocht	83	354	2	16	9	75	0
Grünkohl	37	155	1	17	11	72	0
Kartoffelchips	539	2241	39	32	2	66	0
Oliven, grün	138	568	14	15	76	9	0
OBST							
Apfel, getrocknet	255	1081	2	29	8	63	0
Avocado	221	909	24	16	74	10	0
Brombeeren	44	186	1	8	15	77	0

pro 100 g LM	kcal	KJ	Fett g	Fettsäuren in Prozent SAFA %	MUFA %	PUFA %	Cholesterin mg
Datteln, getrocknet	276	1174	1	30	20	50	0
Heidelbeeren	36	154	1	8	15	77	0
Kiwi	51	215	1	30	20	50	0
Rosinen	277	1178	1	49	7	44	0
Zwetschken, gedörrt	222	942	1	21	17	62	0
NÄHRMITTEL							
Buchweizen	339	1420	2	22	38	40	0
Brösel	349	1460	1	+	+	+	0
Cornflakes	353	1498	1	16	42	42	0
Eierteigwaren	252	1474	3	20	16	64	0
Früchtemüsli	340	1423	6	15	48	37	0
Gerste, Korn	316	1338	2	26	12	62	0
Grünkern	320	1358	3	20	16	64	0
Haferflocken	370	1548	7	20	38	42	0
Hirse, Korn	350	1481	4	26	24	50	0
Leinsamen	372	1558	31	11	19	70	0
Mais, Grieß	339	1419	1	+	+	+	0
Maismehl	324	1373	3	40	0	60	0
Reis, Naturreis, roh	345	1463	2	30	28	42	0
Sojamehl, vollfett	347	1449	21	40	2	58	0
Weizenkleie	171	721	5	20	16	64	0
BROT							
Baguette	260	1086	1	37	33	30	0
Laugengebäck	226	945	2	37	33	30	0
Semmel, Salzstangerl	272	1155	2	37	33	30	0
Weißbrot	259	1085	3	37	33	30	0
Weizenvollkornbrot	199	843	1	20	17	63	0
Grahambrot	199	845	1	20	17	63	0
Mischbrot	210	893	1	20	17	63	0
Roggenvollkornbrot	193	818	1	20	15	65	0
Pumpernickel	182	771	1	20	15	65	0
Knäckebrot	315	1335	1	19	18	63	0
BACKWAREN							
Apfelstrudel	186	779	2	25	51	24	20
Biskuit gebacken	254	1066	6	30	55	15	280
Blätterteig, gebacken	527	2205	38	64	32	4	144
Blätterteig TK	375	1569	24	20	16	64	*
Briochegebäck	353	1477	13	31	53	16	169
Butterkekse	480	2008	21	63	31	6	62

pro 100 g LM	kcal	KJ	Fett g	Fettsäuren in Prozent SAFA %	MUFA %	PUFA %	Cholesterin mg
Germteig, gebacken	318	1330	9	35	50	15	49
Krapfen	355	1488	19	34	51	15	157
Lebkuchen	399	1672	14	11	61	28	*
Marmorgugelhupf	347	1452	17	41	36	23	77
Mohnstrudel	405	1695	16	19	52	29	77
Mürbteig, gebacken	498	2085	28	25	60	15	45
Müslikekse	443	1854	19	*	*	*	*
Obstkuchen, Germteig	144	603	3	57	31	12	*
Obsttorte, Rührteig	209	874	9	28	47	25	*
Sandkuchen	404	1690	22	26	58	16	133
Schnecken,-Plunderteig	381	1594	21	23	52	25	32
Topfengolatschen	331	1385	18	27	58	15	64
SÜSSWAREN							
Kakaopulver, fettarm	343	1427	25	62	35	3	0
Nougat	474	1985	21	12	78	10	0
Schokolade, halbbitter	507	2122	30	63	34	3	0
Vollmilchschokolade	536	2245	32	63	34	3	9
Vollmilchschokolade (Haselnuss)	556	2335	37	64	29	7	1
NÜSSE, SAMEN							
Cashewnüsse	568	2377	42	23	69	8	0
Erdnüsse	561	2350	48	19	51	30	0
Erdnüsse, geröstet	579	2424	49	19	51	30	0
Haselnüsse	644	2662	62	8	81	11	0
Kokosnüsse	358	1498	37	92	6	2	0
Mandeln, süss	569	2383	54	9	71	20	0
Maroni	192	813	2	19	39	42	0
Mohn	466	1949	41	54	36	10	0
Paranüsse	660	2763	67	27	34	39	0
Pistazien	574	2405	52	14	70	16	0
Sesam	562	2350	50	*	*	*	0
Walnüsse	654	2738	63	11	17	72	0
EIS							
Eiscreme	188	786	9	52	39	9	11
Fruchteis	132	551	1	61	30	9	5

SAFA = gesättigte Fettsäuren
MUFA = einfach ungesättigte Fettsäuren
PUFA = mehrfach ungesättigte Fettsäuren

LITERATUR-VERZEICHNIS

Deutsche Gesellschaft für Ernährung, Österr. Gesellschaft für Ernährung, Schweizerische Gesellschaft für Ernährungsforschung, Schweizerische Vereinigung für Ernährung: **Referenzwerte für die Nährstoffzufuhr.**
1. Auflage. Umschau / Braus, 2000.

H.-K. Bieslaski, P. Fürst, H. Kasper, R. Kluthe, W. Pöltert, Ch. Puchstein, H.B. Stähelin: **Ernährungsmedizin.**
Georg Thieme Verlag, Stuttgart 1995.

I. Elmadfa, C. Leitzmann: **Ernährung des Menschen.**
Eugen Ulmer Verlag, Stuttgart 1991.

B. Watzl, C. Leitzmann: **Bioaktive Substanzen in Lebensmitteln.**
Hippokrates Verlag. Stuttgart 1995.

B. Schwarz, B. Binder, P. Bischof, H.P. Clodi, I. Elmadfa, W. Enenkel, H. Esterbauer, H.P. Friedel, K. Irsigler, J., Kaliman, G. Kostner, N. Langmayr, J. Leibetseder, J. Patsch, H.P. Rhomberg, F. Sandhofer, H. Sinzinger, F. Skrabal, F. Ulberth, W. Waldhäusl, K. Widhalm, M. Kunze:
Konsensusbericht Ernährung und Atherosklerose.
Facultas Verlag, Wien 1992.

H. Kasper: **Ernährungsmedizin und Diätetik.**
Verlag Urban & Schwarzenberg, Wien, München, Baltimore, 1991.

Cholesterin, 2. ACCC 2002, Konsensus Statement
CliniCum. Sonderausgabe Oktober 2002. Manstein Medizin MediengmbH.

S. W. Souci, W. Fachmann, H. Kraut:
Die Zusammensetzung der Lebensmittel. Nährwert-Tabellen.
Wissenschaftliche Verlagsgesellschaft mbH, Stuttgart 1994.

Nährwert-Broschüre. Union Deutsche Lebensmittelwerke GmbH, 1995.

Nährwerttabellen für Milch und Milchprodukte. Verlag B. Renner, 1992.

Fleisch und Fleischerzeugnisse. Österreichische Gesellschaft für Ernährung, 1999.

Bundeslebensmittelschlüssel BLS, Version 2.2.
Bundesinstitut für gesundheitlichen Verbraucherschutz und Veterinärmedizin (BGVV), Berlin.